KB102796

맛있는 디자인
망고보드

NO.1 디자인 맛집

맛있는 디자인

망고보드

엄혜경, 이동균 지음

애드앤미디어

디자인,
정말 아무나 할 수 있다

'정말 아무것도 모르는 사람이 디자인을 할 수 있다고? 마케팅을 위한 거짓말이겠지.' 망고보드를 처음 만났을 때 의심부터 했습니다. 그동안 디자인 공부를 할 만큼 한 저도 디자인은 여전히 힘들고, 어렵게만 느껴졌으니까요.

사실 주변에 콘텐츠를 제작할 수 있는 프로그램들은 정말 많습니다. 하지만 프로그램을 배워도 사용법만 알게 될 뿐이지 그것이 디자인 감각을 길러주거나 하진 않습니다. 게다가 하나의 콘텐츠를 제작하기 위해선 사진, 일러스트, 폰트와 같은 요소들을 일일이 구입해야 하는데 비용도 문제지만 하나하나 일관성 있게 준비하는 것도 쉽지 않은 게 현실이지요.

망고보드는 이런 의구심들을 말끔히 해소시켜 주었습니다. 정말 단순한 인터페이스로 복잡한 절차 없이 디자인 효과를 쉽게 사용할 수 있었어요. 무엇보다 망고보드만의 퀄리티 높은 템플릿 덕분에 작업 시간도 크게 줄었고, 반대로 최신 디자인을 공부하는 느낌까지 들었어요.

"누구나 디자인을 한다!" 이제 이 말은 망고보드를 소개할 때 자신 있게 꺼낼 수 있는 말이 되었습니다.

이제 직접 경험해 보실 차례입니다.

이 책은 디자인 콘텐츠 제작에 도전하는 초보자들을 위해 썼습니다. 분명 현실은 전문가의 손을 빌리지 않고도 우리 손으로 직접 디자인해야 하는 시대에 진입해 있습니다. 저는 여러분이 망고보드를 통해 그동안 머릿속으로만 상상해온 콘텐츠를 직접 손으로 작업하고, 결과물들을 얻어 냄으로써 지금까지 느껴보지 못한 희열을 경험하게 되기를 희망합니다.

한 가지 팁을 드리자면, 망고보드 템플릿을 좋은 디자인 선생님으로 활용하시기 바랍니다. 템플릿을 그대로 사용하는 것도 좋지만, 한 걸음 더 나가 이 디자인에는 레이아웃은 어떻게 배치되어 있는지, 색상은 어떻게 조합이 되어 있는지 또 어떤 일관성 있는 요소들로 묶여 있는지 눈 여겨 보시기를 추천해요. 전문가가 이렇게 작업한 이유는 분명히 있습니다. 사소하지만, 이런 과정을 거치다 보면 어느 순간 디자인을 바라보는 시각이 달라져 있는 자신을 발견하게 될 거예요.

디자인에는 정답이 없지만, 공통분모와 같은 규칙은 존재한다는 걸 잊지 마세요. 이 책의 고민은 처음부터 끝까지 '어떻게 하면 여러분이 가장 쉽게 배울 수 있을까?'였어요. 이 책을 통해 그동안 쌓아 두었던 디자인 고민들을 훌훌 털어 내시고, 행복한 '디자인 능력자'로 거듭나시기를 바랍니다.

프롤로그

고객님들의 사용후기

　　망고보드의 가장 큰 장점은 편리성입니다! 디자인을 처음 접하는 사람도 고퀄리티의 템플릿을 사용해 쉽고 빠르게 작업을 할 수 있어서 너무 좋습니다! 저희는 학원이라 매달 엄청난 양의 이미지를 제작을 하는데 일단 걸리는 시간이 반 이상 줄었고 무엇보다 디자인의 퀄리티가 훨씬 좋아졌습니다. 온라인으로 작업을 하고 클라우드에 저장을 하다 보니 저장 공간도 덜 필요하고 포토샵, 일러스트 등의 프로그램을 사지 않아도 되는 것이 좋고 무료 이미지도 따로 이미지 사이트에 들어가서 찾을 필요 없이 바로 찾을 수 있어서 좋습니다. 이번에 기능 추가가 되면서 동영상, 투명 배경 등의 기능이 추가가 되었는데 정말 좋은 기능 같습니다.

　　저렴한 가격에 디자이너 역할을 톡톡히 하고 있는 망고보드~! 너무 감사합니다!!

–이** 고객님

템플릿이 있어서 그걸 보고 편집해서 나만의 디자인을 할 수 있다는 점, 완전 초보자들도 쉽게 할 수 있다는 점, 무엇보다도 포토샵이나 일러스트 같은 프로그램 없이, 저작권 문제없이 쉽게 홈페이지에서 제작할 수 있다는 점이 가장 큰 장점이라 생각합니다. 그리고 무엇보다 정말 칭찬하고 싶은 점은, 여러 번 저장해도 그 전에 만들었던 과정으로 다시 돌아갈 수 있다는 점입니다. 포토샵 같은 기능은 그 전으로 돌아가는데 한계가 있거든요. 망고보드 정말 좋습니다. 꼭 디자이너뿐 아니라 학교 선생님, 회사 직원 등등 디자인을 할 일이 많은데 이런 사이트가 있어서 편리해요.

-김** 고객님

창작의 고통이 줄어듭니다...ㅎㅎㅎ 항상 새로운 배너나 이미지를 만들어야 할 때 구글에서 기존에 업체들이 했던 포트폴리오를 보고 만들고는 했는데 썩 맘에 들지 않았었거든요. 근데 망고보드를 이용한 뒤로는 굉장히 괜찮은 디자인들만 모여 있고, 템플릿만 우리 업체 것으로 바꾸면 되니까 정말 편했어요! 무료 사진을 바로바로 불러올 수 있는 기능도 상업적 이용권한을 그때그때마다 확인하지 않아도 되어 좋습니다. 그리고 폰트...... 진짜 짱입니다. 사실 폰트 같은 경우에는 컴퓨터에 설치를 해야 하니까 매일 비슷한 폰트만 썼었거든요! 컴퓨터가 바뀌면 번거롭고요. 아 맞네... 그리고 보니까 웹에서 된다는 점도 엄청난 장점이네요. 회사에서 작업하던 걸 굳이 저장해오지 않아도 집에서도 그냥 켜서 바로 할 수 있다는 점이 제일 큰 장점 같습니다!

-박** 고객님

사용후기

1인 쇼핑몰 시대가 열렸다고 봐도 무방할 것 같아요~ 보통은 디자인 의뢰를 하고 힘들게 진행해야 하는 반면 망고보드는 기본 디자인이 굉장히 잘 되어 있어 디자인을 처음 접해보는 사람도 기본 틀을 보고 창의적인 결과물을 만들어 낼 수 있어 정말 좋다고 생각됩니다.

-변** 고객님

저는 포토샵, 일러스트 모두 사용하는 사람입니다. 망고보드의 다양한 템플릿과 심지어 이제는 투명 배경까지 지원하는 기능 때문에 사실상 어려운 포토샵 일러스트 켜는 일들이 많이 줄었습니다. 더 디테일한 작업은 사실 포토샵, 일러스트로 해야겠지만 대부분의 고객님들이 원하시는 것들은 망고보드에서 원활히 해결 가능합니다. 기술을 이용해 사람들을 편리하게 해주는 망고보드 제작사에 경의를 표합니다. 진심입니다. 번창하시고 좋은 일만 있으세요.

-임** 고객님

상상한 대로 빠른 시간안에 홍보물을 만들어 낼 수 있습니다. 저는 포토샵을 전혀 하지 못하지만 망고보드를 통해서 카드뉴스와 홍보물들을 만들고 강의자료도 PPT로 만들고 있습니다. 망고보드를 통해서 전에는 하지 못했던 동영상 콘텐츠도 만들고 있습니다. 그래서 망고보드는 저에게 새로운 기회를 만들어 주었습니다.

-조** 고객님

콘텐츠 제작자에게
시원한 단비가 되어 줄 안내서

누구나 마케터와 콘텐츠 제작자가 되어야 하는 시대가 되었습니다.

멀티채널 마케팅 시대의 콘텐츠 제작은 신속하게 변하는 마케팅 트렌드에 발맞추어 다양한 형식의 콘텐츠를 만들어야하기 때문에, 기존의 전문가 중심의 콘텐츠 제작에서 '사용자 직접 콘텐츠 제작(UGC)' 방식으로 변해 가고 있습니다. 저작권 보호 강화 추세에 따른 콘텐츠 제작의 법적 제약을 벗어날 필요성도 커지고 있습니다.

'편집은 창조의 과정이다', '누구나 디자이너가 된다'라는 모토로 시작한 망고보드가 마케터 사용자의 범위를 넘어서서 콘텐츠 제작의 욕구를 가진 학생, 자영업자, 비영리기관, 기업, 공공기관 등으로 범위가 확대되고 있습니다.

망고보드의 웹 편집기가 검색, 편집, 조합의 과정을 통하여 새롭게 창의적인 콘텐츠를 생산하고 공유하기 위한 그릇이라면, 망고보드가 제공하는 디자인 템플릿과 디자인요소는 그 그릇에 담기는 맛있는 음식이라고 생각합니다.

소프트웨어의 수준이 고도화될수록 이를 잘 활용하기 위한 사용자 교육의 중요성이 커지고 있습니다. 엄혜경 선생님은 망고보드의 베타 서비스 때 인연이 되어 지금까지 마케팅교육기관, 기업, 공공기관, 대학교에서 망고보드를 사용한 콘텐츠 제작 활용방법에 대하여 강의를 해 오고 있습니다.

또 이동균 작가님은 망고보드 회사의 핵심 인재로, 망고보드를 국민 디자인툴로 만드는 일에 활약하고 있습니다. 이 두 사람의 협업으로 망고보드 두 번째 책인 <맛있는 디자인 망고보드>가 세상에 나오게 된 것을 매우 기쁘게 생각합니다.

이 책은 그간의 강의 핵심과 망고보드의 최신 버전을 담은 소중한 자산입니다. 오늘날 콘텐츠를 제작하고자 하는 많은 사람들에게 시원한 단비 같은 안내서가 될 것입니다. 이 책과 함께 모두가 창작의 행복한 시간을 만끽했으면 합니다.

리아모어소프트 상무이사 권기수

맛있는 디자인 망고보드

카드뉴스, 상세페이지, 홍보물, 동영상까지
모두 내가 직접 디자인할 수 있어요!

지금 무언가를 홍보해야 하는 당신

상품을 판매하나요?

서비스를 홍보해야 하나요?

강의를 하나요?

이벤트를 알려야 하나요?

음식점을 하나요?

이제는 무슨 일을 하더라도 홍보할 수 있어야 합니다.

그렇기에 디자인 콘텐츠 제작 능력은 누구에게나 필요합니다.

우리의 고객은 스낵 컬처(Snack Culture)

미디어를 스낵(과자) 먹듯이 짧은 시간 안에 소비하는 세대를 일컬어 '스낵 컬처'라고 합니다. 이 스낵 컬처 세대는 바쁜 출퇴근길이든, 친구를 기다리는 카페든, 점심시간의 자투리 틈이든 시간과 공간에 구애받지 않고 스마트폰으로 미디어를 접하지요. 그렇다 보니 주로 소비하는 미디어 콘텐츠는 흥미 있는 것, 새로운 것, 재미있는 것, 그러면서도 짧은 것으로 트렌드가 변하고 있습니다. 정성 들여 만든 수많은 콘텐츠들이 초단타의 짧은 시간에 소비되고 버려지는 까닭에 콘텐츠 생산자들의 생각도 달라지고 있어요. 전에는 완성도 높은 고퀄리티의 콘텐츠를 많은 시간과 비용을 들여 생산했다면, 지금은 완성도보다는 타이밍을 더 중요하게 생각하고 그것을 좀 더 빨리, 좀 더 자주, 좀 더 다양하게 생산하는 것이 목표가 되었지요.

동상이몽의 클라이언트와 디자이너

하나의 콘텐츠를 만들기 위해서는 회사, 제품, 서비스에 대한 전반적인 이해가 필요합니다. 기획 단계에서 당연히 모든 사항을 다 숙지하고 있는 기획자들이 콘텐츠의 콘셉트, 컬러, 홍보 문구까지 결정하는 경우가 많지요. 하지만, 이 모든 것이 이미지로 구체화해야 하는 디자이너에게 넘어가면 문제가 달라집니다.

첫 번째는 소통의 문제입니다. 디자이너에게 최상의 콘텐츠를 얻기 위해서는 최대한 많은 내용을 알려 줘야 하지요. 회사의 이념, 그간의 히스토리, 제품 개발 배경, 결정권자의 취향 등을 전달함으로써 디자이너가 원하는 결과물을 빠르게 완성하기를 원하기 때문입니다. 하지만 결과물은 디자이너의 이해도, 스타일, 업무방식 따라 천차만별이 될 때가 많습니다.

두 번째는 긴 작업시간입니다. 제품 또는 서비스에 대한 디자이너의 이해도에 따라 작업이 일찍 쉽게 끝날 수도 있지만, 많은 경우 수정과 피드백의 늪에 빠

져 야근을 거듭하거나, 최악의 경우 노출타이밍을 놓치는 일이 발생하기도 하지요

세 번째로는 큰 비용 부담입니다. 클라이언트가 원하는 디자인 콘텐츠는 간단한 홍보물, 또는 텍스트 위주의 콘텐츠여서 빠르게 만들어 SNS에 올리는 것인데, 그 모든 것을 디자이너에게 맡긴다면 비용을 감당하기 힘들 것입니다.

누구나 디자이너일 필요는 없어요.

요리를 하기 위해 누구나 요리사일 필요가 없듯이, 디자인을 하기 위해서도 누구나 디자이너일 필요는 없어요.

마트에 가면 간단한 조리법과 함께 손질된 재료를 파는 반조리 식품이 많지요? 그런 식품으로 요리솜씨가 없는 사람도 집에서 해물탕을 하고, 감바스를 할 수 있는 것처럼 디자인도 마찬가지입니다.

망고보드와 같은 디자인 플랫폼을 이용하면 포토샵이나, 일러스트 같은 고급 기술 없이도 포스터, 카드뉴스, 유튜브 썸네일 등을 쉽게 만들 수 있습니다.

블록을 조립하듯 디자인을 조립해요.

망고보드 디자인은 블록과 같아요. 블록이라는 하나하나의 동일한 요소를 가지고 어떤 아이는 모아서 빌딩을 쌓고, 어떤 아이는 자동차를 만드는 것과 같은 원리지요.

망고보드 디자인은 블록을 조립하는 것처럼 디자인을 완성합니다. 준비되어 있는 디자인요소를 하나하나 모아서 완성하는 거죠. 말풍선이 필요하면 말풍선을 찾고, 리본이 필요하면 리본을 찾아 캔버스에 모아 하나의 원하는 콘텐츠를 만들면 됩니다. 디자이너가 미리 만들어 놓은 여러 가지 디자인요소들을 갖다 쓰기만 하면 되는 것이지요.

서문

1 내용 기획 **2** 디자인요소 검색 **3** 디자인요소 정돈 **4** 완성

망고보드는 디자인을 돕는 디자인요소와 그것을 편집할 수 있는 편집기를 제공합니다. 디자인요소는 상황에 맞는 다양하면서도 편집이 가능한 소스로서 누구나 쉽게 활용할 수 있습니다. 편집기는 사용방법이 아주 쉬워요. 포토샵처럼 어렵지 않고, 파워포인트를 다룰 줄 아는 정도라면 누구나 쉽게 이해할 수 있습니다.

디자인요소 + 디자인편집기

하나의 재료로 여러 가지를 만들어요.

One Source, Multi Use. 망고보드의 장점은 하나의 콘텐츠를 다양한 형태로 바꿀 수 있는 것입니다. 포스터 하나를 만들어 카드뉴스로, 현수막으로, 배너로 다양한 디자인 결과물을 만들 수 있습니다.

포스터 + 배너 + 카드뉴스 + 동영상

저작권에서 자유로워집니다.

디자인에 들어가는 이미지, 폰트, 영상이 모두 저마다의 저작권을 가지고 있는 것을 아시지요? 저작의 범위는 제각각 다르기 때문에 하나하나 다 확인해야 합니다. 상업용으로 쓸 경우에는 구글에서 찾은 이미지를 그냥 사용하면 절대 안 됩니다. 일반인들이 이러한 폰트와 이미지의 저작권을 일일이 확인하고 사용하는 것은 정말 어려운 일이지요.

망고보드에서는 사용하는 모든 디자인요소들을 저작권 걱정 없이 자유롭게 사용할 수 있습니다. 모두 개발사에서 계약된 이미지와 폰트, 영상, 음악이기 때문이죠. 회원자격으로 작업을 한다면 모두 자유롭게 사용할 수 있습니다. 디자인 콘텐츠를 만드는 상황이 매우 클리어해지는 것이죠.

디자이너의 어깨 위에 올라탈 수 있어요.

유튜브 썸네일을 만들려면 유튜브 썸네일의 샘플들을 참고해서 내 것으로 바꿀 수 있어요. 현수막을 만들려고 하면 또 그에 맞는 샘플을 사용하면 됩니다. 다양한 상황과 목적에 맞는 디자인 샘플을 이용하면 디자인이 훨씬 더 쉬워집

서문

니다. 그런 디자인 샘플들을 망고보드에서 제공합니다. 디자이너가 제공하는 고퀄리티의 디자인 샘플을 나의 내용과 목적, 컬러에 맞게 쉽게 바꿀 수 있습니다.

1 맛있는 디자인 망고보드 / 사용 방법

1

맛있는 디자인
망고보드
사용 방법

생각만 하면 완성되는
디자인 3단계

망고보드 3단계 디자인

디자인은 어렵고, 고급 그래픽 프로그램을 사용할 수 있어야 하고, 그 무엇보다 감각이 있어야 한다고 생각하시지요? 망고보드는 그 무엇도 필요하지 않아요. 다음의 방법으로 망고보드 디자인의 감을 잡아보세요.

망고보드 디자인은 다음의 3단계면 완성할 수 있습니다.

첫 번째, 가장 먼저 디자인에 담을 내용을 생각합니다. 디자인에 들어갈 홍보 문구, 내용, 정보 등을 빈 종이에 써보세요. 간단한 그림으로 그려도 됩니다.

두 번째, 내용과 연관되거나 내용을 부연 설명할 수 있는 이미지(디자인요소)를 검색합니다. 검색은 그 이미지를 생각할 때 머릿속에 떠오른 단어를 직접 검색하면 됩니다.

행복한 가족의 모습이 필요하면	가족, 행복
테두리를 꾸밀 장식이 필요하면	꾸미기, 장식
클릭하는 손가락이 필요하면	손가락, 클릭

세 번째, 검색하여 찾은 디자인요소를 잘 어울리도록 맞춰줍니다. 크기를 조절하고, 위치를 정렬하고, 컬러를 맞추고, 원하는 폰트로 바꿉니다.

이렇게 3단계의 과정을 거치면 원하는 디자인을 완성할 수 있습니다.

다음의 예시를 보면서 직접 확인해 보세요.

1. 맛있는 디자인 망고보드 **사용 방법**

예시 1

우리 회사 홈페이지를 오픈했어요. 고객들에게 홈페이지 오픈을 알리기 위한 배너를 만들고 싶어요.

---

1 내용을 생각하자

"검색창에서 망고보드를 검색하세요."

....

2 디자인요소를 검색하자

검색창, 클릭, 강조선

....

3 텍스트를 추가하고, 크기와 컬러를 맞추자

예시 2

올해 우리 회사가 품질평가 최우수상을 받았어요.
회사 수상을 자랑하는 홍보물을 만들고 싶어요.

1 **내용을 생각하자**

2020년 고객 평가 최우수상 수상 ****회사

· ·

2 **디자인요소를 검색하자**

시상식, 1등, 커튼콜

· ·

3 **크기와 내용을 바꿔 맞추자**

1. 맛있는 디자인 망고보드 **사용 방법**

TIP. 망고보드 체험판 활용하기

망고보드는 회원가입을 하지 않아도 기능을 체험할 수 있습니다. 체험하기는 망고
보드(www.mangoboard.net)에 접속하면 오른쪽 상단에서 확인할 수 있습니다.

*단, 체험하기를 통해 제작한 디자인 콘텐츠는 저장할 수 없습니다.

한눈에 알아보는
망고보드 편집기

망고보드 편집기 메뉴

한 눈에 알아보는
망고보드

망고보드 편집창은 다음과 같이 구성되어 있습니다. 먼저 전체적으로 어떤 메뉴가 있는지 대략적으로 알아보고, 과정 중에 차근차근 설명해 드릴게요.

전체 메뉴 살펴보기

상단 메뉴	파일 | 다운로드 | 공유
	제목입력 | 저장 | 작업내역 | 내계정 | 도움말
기능 탭	검색 | 템플릿 | 그래픽 | 텍스트 | 배경 | 데이터 | 내파일 업로드 | 즐겨찾기
슬라이드 메뉴	슬라이드 확대·축소 | 크기설정 | 안내선
	슬라이드 번호 | 슬라이드 메인 색상 보기 및 편집 | 슬라이드 복사 | 새 슬라이드 | 슬라이드 삭제

디자인 방법은 왼쪽 기능 탭에서 디자인 재료를 찾아 오른쪽 슬라이드에 넣어 조립하는 형태입니다. 디자인 재료가 기능 탭 하나하나에 분류되어 있으니 어디에 어떤 재료가 들어 있는지 눈에 익혀두는 것이 좋습니다.

상단 메뉴 살펴보기

파일

새로 만들기	현재 작업창을 두고, 새창을 열어 새로운 작업을 할 수 있습니다.
다른 이름으로 복사본 만들기	현재 작업 중인 템플릿을 두고, 동일한 내용을 담은 새창을 열어줍니다.
저장	현재 작업하는 템플릿을 저장합니다.

다운로드

PNG(이미지)	투명 배경의 이미지 형태로 파일을 저장합니다. (반드시 슬라이드 배경이 투명하게 설정된 상태에서 진행해야 합니다.)
JPG(이미지)	가장 일반적인 저용량 웹 이미지 형태로 파일을 저장합니다.

1. 맛있는 디자인 망고보드 **사용 방법**

PDF(인쇄용)	이미지가 깨지지 않는 벡터 형식으로 된 파일로 인쇄물 작업에 적합합니다.
PDF(일반용)	비트맵 이미지 형식의 PDF로 파일로 저장합니다. (기존 크기보다 크기를 키울 경우 화질이 깨질 수 있습니다.)
PPTX	파워포인트 확장자로 파일을 저장합니다. (파워포인트 2013 미만 버전에서는 정상적으로 열리지 않을 수 있습니다.)
MP4	슬라이드에 동영상 소스, 애니메이션 효과를 적용하여 동영상 파일로 저장합니다. (최대 10분)
GIF	슬라이드에 동영상 소스, 애니메이션 효과를 적용하여 무한 반복되는 이미지 형태로 저장합니다. (최대 15초)
WebP	WebP 구글에서 web을 위해 만든 효율적인 이미지 포맷입니다. (최대 15초)

공유

공개웹페이지	작업한 콘텐츠를 다른 사람에게 공유할 수 있도록 웹 URL을 생성합니다. 보기 설정을 통하여 프레젠테이션을 진행하거나 프로모션 팝업창 형태로 보여줄 수 있고, 또 링크가 노출되어도 비밀번호를 생성하여 원하는 대상에게만 콘텐츠를 공유할 수 있습니다.
템플릿 보내기	작업한 콘텐츠를 다른 망고보드 이용자에게 공유합니다. 규모가 큰 회사의 경우, 다른 부서와 함께 콘텐츠 작업을 진행하여 업무 효율성을 높일 수 있습니다. *단, 프로계정 간에만 템플릿 주고받기가 가능합니다.

저장하기

망고보드는 작업하는 동안 실시간 자동 저장이 됩니다. 그래도 작업을 끝내고 나올 때 [저장하기]를 클릭하고 나오는 것이 좋습니다. 저장된 템플릿(망고보드 작업물)은 [나의 작업]에서 썸네일 이미지와 템플릿 제목으로 찾을 수 있습니다.

작업내역

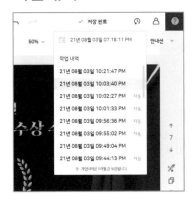

작업내역은 [저장하기] 버튼을 눌렀거나 자동 저장된 데이터 기록을 남겨줍니다. 기록된 상황을 클릭하면 그 상태로 되돌릴 수 있습니다.

내계정

[내계정]을 클릭하면 계정의 정보 및 나의 작업, 결제내역, 요금제 등을 확인할 수 있습니다.

1. 맛있는 디자인 망고보드 **사용 방법**

기능 탭 알아보기

템플릿

망고보드에서 제작 지원하는 디자인 샘플입니다.
다양한 용도별, 사용처별로 나뉘어 있어서 쉽게 찾아 디자인에 적용할 수 있습니다.

그래픽

사진, 도형, 선, 아이콘, 이미지 프레임, 차트도형, 지도도형, 이모티콘, 동영상 등 총 9가지 형태의 디자인요소를 확인할 수 있습니다.

등록된 디자인요소를 스크롤을 해서 찾기는 쉽지 않습니다. 빠르게 원하는 디자인요소를 찾으려면, 검색창에서 검색을 하는 것이 좋습니다.

텍스트

텍스트는 제목, 부제목, 본문으로 제공되는 기본 텍스트와 디자인도형과 결합된 디자인 텍스트, 그리고 자음과 모음을 조합하여 완성하는 캘리그라피 텍스트가 제공됩니다.

기본 텍스트에는 사진이 들어가는 텍스트와 3D,휘어진 텍스트가 포함되어 있습니다.

기본 텍스트

디자인 텍스트

워드아트

캘리그라피 텍스트

배경

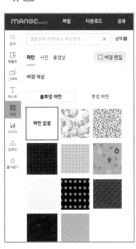

슬라이드의 배경을 선택할 수 있습니다.
배경은 단색, 그라데이션, 투명패턴, 불투명패턴, 사진, 동영상 등 다양하게 선택할 수 있습니다.

데이터

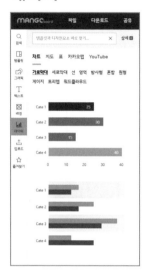

차트와 지도, 표에는 데이터를 넣어 완성할 수 있습니다. 데이터는 직접 입력할 수도 있고, 구글 스프레드시트의 데이터를 연결하여 표현할 수 있습니다.

내 파일 업로드

이미지, 동영상, 음악, 폰트를 업로드하여 사용할 수 있습니다. 이미지는 드래그앤드롭하여 쉽게 업로드할 수 있습니다. 업로드된 파일들은 폴더로 나눠서 분류할 수 있습니다.
SNS(페이스북, 인스타그램, 구글드라이브)에 올린 사진을 망고보드로 바로 가지고 올 수 있습니다.

*단, 업로드 용량은 계정에 따라 다르며 동영상, 음악, 폰트는 프로계정만 업로드 가능합니다.

슬라이드 메뉴 알아보기

슬라이드 확대·축소

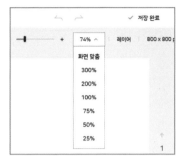

슬라이드를 확대, 축소하여 효율적으로 작업할 수 있습니다. 조절점으로 조절하거나, 비율로 바꿀 수 있습니다.
*[Ctrl + 마우스 휠]을 이용하여 보다 쉽게 화면을 확대, 축소할 수 있습니다.

크기설정

슬라이드 크기를 목록 중에 선택하거나, 직접 입력하여 바꿀 수 있습니다.
*유연하게 슬라이드 크기를 바꿀 수 있는 [AutoFit 콘텐츠 자동 맞춤]도 매우 유용합니다.

안내선

자동 안내선과 원하는 안내선 세트를 이용하여 디자인 작업의 틀을 구성할 수 있습니다.

1. 맛있는 디자인 망고보드 **사용 방법**

슬라이드 번호와 화살표

현재 커서가 위치하고 있는 슬라이드 번호가 나타납니다.
여러 장일 경우 화살표를 이용하여 순서를 바꿀 수 있습니다.

슬라이드 메인 색상 보기 및 편집

[슬라이드 메인 색상 보기 및 편집]은 메인 색상을 바꾸는 기능입니다. 슬라이드 전체 톤을 바꾸기에 매우 유용합니다.
*메인 색상이란 템플릿에 가장 많이 차지하고 있는 색상을 뜻합니다.

슬라이드 복사 | 새 슬라이드 | 슬라이드 삭제

현재 슬라이드를 복사하거나, 새 슬라이드를 추가하고, 슬라이드를 삭제할 수 있습니다.

디자인은
슬라이드 크기 지정부터

망고보드 슬라이드 크기 정하기

슬라이드 크기 설정하기

디자인 작업의 가장 첫 단계는 슬라이드 크기를 설정하는 것입니다. 디자인 목적에 따라 어떤 사이즈로 제작할 것인지 슬라이드 크기를 선택하세요.

망고보드 슬라이드는 기본적으로 800*800으로 구성되어 있습니다. 이 사이즈가 가장 많이 사용되는 사이즈이기 때문이죠. 그럼 다른 사이즈로 바꿔보겠습니다.

오른쪽 상단의 ❶[현재 크기]를 클릭하면 크기설정 창이 나타납니다. ❷부분을 클릭하면 사이즈 목록이 나타납니다. 원하는 사이즈를 선택하여 슬라이드 크기를 바꿀 수 있습니다.

❸원하는 사이즈가 없을 경우, 크기 부분에 직접 숫자를 입력하여 정할 수 있습니다.

꼭 [확인] 버튼을 눌러야 적용이 되는 것 아시죠?

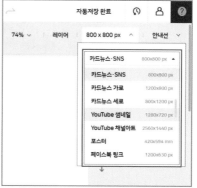

디자인 작업 중 크기 변환

광고 배너 중 똑같은 디자인이어도 크기가 다양한 경우를 보셨을 겁니다. 필요에 따라 여러 버전으로 작업해야 하기 때문에 단순 반복 작업이 많을 수밖에 없습니다.

그런데 망고보드에서는 완성한 디자인을 다른 사이즈로 쉽게 변환할 수 있습니다.

1. 맛있는 디자인 망고보드 **사용 방법**

작업을 하고 난 후 또는 작업 중에 ❶[크기 설정]으로 들어가 ❷다른 사이즈를 선택한 후, [확인]을 클릭하면 됩니다. 그냥 확인을 클릭하면 슬라이드 크기만 변하고 작업한 디자인은 그대로 있고, ❸[AutoFit 콘텐츠 자동 맞춤]을 체크하고 확인을 누르면, 슬라이드 크기에 맞춰서 디자인요소의 크기가 조절됩니다.

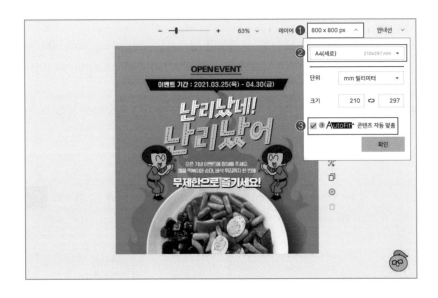

원본

일반 크기 조정

오토핏 적용

*[AutoFit 콘텐츠 자동 맞춤]은 하나의 콘텐츠를 완성한 후 다른 형태를 추가로 만들 때 매우 유용합니다.

인쇄물을 디자인할 경우

인쇄물을 작업할 경우는 단위를 [px 픽셀 → mm 밀리미터]로 바꿔서 정확한
인쇄물의 크기를 입력하면 됩니다.

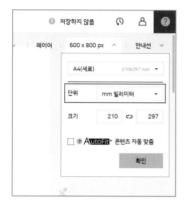

*현수막과 같이 큰 인쇄물의 경우는 다음과 같이 1/10로 줄여 작업하고, 다운로드에서 10배 확
대하여 다운로드하면 됩니다.

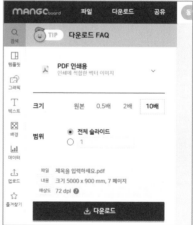

*1. 맛있는 디자인 망고보드 **사용 방법***

TIP. 망고보드에서 바로 선택할 수 있는 슬라이드 크기

다른 사이즈로 변환하고 싶으면 슬라이드 크기 설정에서 다음과 같이 준비되어 있는 사이즈 중 하나를 선택하면 됩니다.

현수막(1/10)	500x90 mm ▲
사용자 설정	
A5(세로)	148x210 mm
A5(가로)	210x148 mm
A4(세로)	210x297 mm
A4(가로)	297x210 mm
A3(세로)	297x420 mm
A3(가로)	420x297 mm
A2(세로)	420x594 mm
A2(가로)	594x420 mm
A1(세로)	594x841 mm
A1(가로)	841x594 mm
A0(세로)	841x1189 mm

A0(가로)	1189x841 mm
카드뉴스·SNS	800x800 px
카드뉴스 가로	1200x800 px
카드뉴스 세로	800x1200 px
YouTube 썸네일	1280x720 px
YouTube 채널아트	2560x1440 px
포스터	420x594 mm
페이스북 링크	1200x630 px
페이스북 커버	820x312 px
페북·인스타 스토리	1080x1920 px
트위터 헤더	1500x500 px
네이버 포스트	1200x720 px
네이버TV 썸네일	880x495 px

상세페이지	860x1100 px
네임카드	800x445 px
현수막(1/10)	500x90 mm
세로배너	600x1800 mm
미니배너	150x300 mm
프레젠테이션 4:3	1280x960 px
프레젠테이션 16:9	1920x1080 px
배너	1000x370 px
배달의민족 배너	1280x560 px
인포그래픽 세로	1080x1920 px
인포그래픽 가로	1920x1080 px
네이버 카페 타이틀	1080x300 px
블로그 썸네일	800x800 px

미세하게 다른
조절점들의 특징

망고보드 조절점

망고보드 디자인요소를 선택하면 여러 개의 조절점이 나타납니다. 조절점의
특징을 알면 디자인요소를 더 잘 사용할 수 있습니다. 검은색, 흰색, 분홍색
조절점의 차이를 확인해 봅니다.

1. 맛있는 디자인 망고보드 **사용 방법**

검은색 조절점의 특징

검은색 조절점은 비율을 유지하며 크기를 조절합니다. 대부분의 디자인요소는 원래의 비율을 유지하는 것이 아름답습니다. 비율을 깨면 균형이 깨져 아름답지 않아요. 가능한 디자인요소의 크기는 검은색 조절점으로 조절하는 것이 좋습니다.

비율을 유지한 디자인 콘텐츠

흰색 조절점의 특징

흰색 조절점은 비율을 깨며 크기를 조절할 수 있습니다. 타원이 필요하거나, 가로로 긴 직사각형이 필요할 때 꼭 필요한 기능입니다.

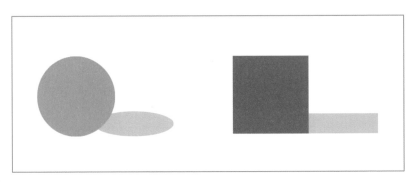

비율을 깬 디자인 콘텐츠

또 텍스트의 폭을 조절할 수 있습니다.

흰색 조절점은 선, 길이를 조정할 때도 사용됩니다.

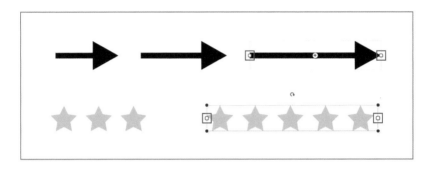

분홍색 조절점의 특징

다음과 같이 분홍색 조절점이 보이는 경우도 있습니다. 분홍색 조절점은 여러 디자인요소를 그룹으로 묶어 놓은 것을 표시합니다. 그룹형태는 오른쪽 상단의 ❶[그룹] 버튼을 클릭하여 그룹을 해제하여 각각의 디자인요소를 수정할 수 있습니다

1. 맛있는 디자인 망고보드 **사용 방법**

그룹 상태   그룹 해제 후 수정

작업 시간을 단축시켜 주는
스마트 가이드라인

망고보드 스마트 가이드라인

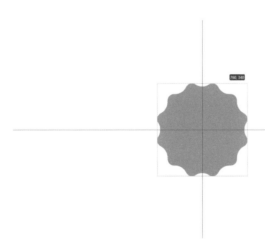

디자인의 퀄리티는 줄 맞춤, 정렬에 따라 크게 차이가 납니다. 망고보드에는
정렬을 잘 하도록 도와주는 스마트 가이드라인이 3가지나 지원됩니다. 슬라
이드에 도형을 추가하여 이리저리 이동해 보세요.

보라색 가이드라인

슬라이드에 도형을 추가한 후 이리저리 옮겨보면 보라색 가이드라인이 보입니다. 이 보라색 가이드라인은 슬라이드를 기준으로 도형이 가장자리 또는 가운데에 위치해 있다고 보여줍니다.

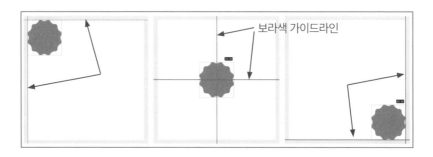

초록색 가이드라인

도형을 하나 더 추가하여 마우스로 옮겨보세요. 이웃해 있는 디자인요소와 줄이 맞을 때 초록색 가이드라인이 나타납니다. 디자인요소를 가로, 세로로 정렬할 때 매우 유용합니다.

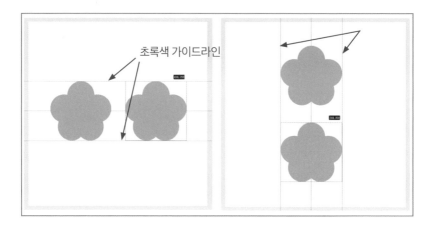

하늘색 가이드라인

오른쪽 상단의 안내선을 추가하면 하늘색 가이드라인이 나타납니다. 여러 장의 콘텐츠를 작업할 때 기준선으로 활용할 수 있습니다.

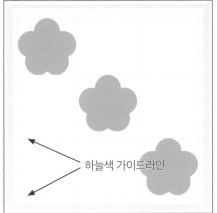

*안내선 세트를 활용하면 일정한 여백과 분할을 보다 쉽게 적용할 수 있습니다.

콕콕 집어 원하는
디자인요소 선택하기

망고보드 디자인요소 선택

망고보드에서 디자인 작업을 보다 더 쉽게 하려면, 원하는 디자인요소를 바로 선택하는 방법을 익히는 것입니다.

망고보드는 디자인요소를 추가하는 순서대로 한 층씩 쌓여지는 구조입니다. 그러므로 여러 개체들이 복잡하게 쌓여 있을 경우, 아래에 깔려있는 디자인요소를 선택하기 쉽지 않습니다.

망고보드에서 원하는 디자인요소를 쉽게 선택할 수 있는 방법들을 소개합니다.

하나의 디자인요소 선택하기

디자인요소 중 하나를 선택할 때는 그저 마우스로 클릭하면 됩니다.

여러 개의 디자인요소 선택하기

디자인요소를 여러 개 선택하기 위해서는 키보드의 [Shift]를 누른 상태에서 마우스로 하나씩 클릭하면 됩니다.
두 번째 방법은 마우스로 드래그하여 선택하는 방법이 있습니다. 한 점과 대각선 다른 점을 선택하면 박스가 나타나고, 박스에 걸리는 모든 디자인요소가 선택됩니다.

선택된 디자인요소 중 일부분 선택 취소하기

위의 선택된 3그루 나무 중 하나를 선택 취소하고자 할 때는 다시 키보드의 [Shift]를 누르고 다시 한 번 클릭하면, 선택 취소가 됩니다.

레이어 활용하기

오른쪽 상단의 레이어를 선택하면, 현재 슬라이드의 모든 요소들이 나옵니다. 그 중 원하는 요소를 선택하면 됩니다.

그밖에 레이어를 동영상 효과에서 제거하거나, 잠그거나, 안보이게 할 수도 있습니다.

우클릭으로 선택하기

여러 개의 디자인요소가 겹쳐있는 경우 마우스 우클릭을 누르면 겹쳐있는 요소의 목록이 나타납니다. 그 중 하나를 선택하면 보다 쉽게 원하는 디자인요소를 선택할 수 있습니다.

TIP. 슬라이드 안에서 선택이 잘 안 될 경우

여러 개의 디자인요소가 겹쳐있는 경우, 슬라이드에 보이는데도 선택이 안 될 경우가 종종 있습니다. 이럴 때는 마우스로 드래그할 때 슬라이드 밖에서부터 선택하여 슬라이드 안으로 드래그하여 전체를 선택한 후, [Shift]를 누르고 하나씩 클릭하여 선택 취소를 하면 됩니다.

비트맵과 벡터의 특징만 알면
더 쉬운 망고보드

망고보드 디자인요소 구별방법

bitmap

vector

망고보드는 다양한 디자인 재료를 제공합니다. 각 디자인 재료의 특징을 안다면, 원하는 곳에 필요한 재료를 바로 찾을 수 있습니다.

비트맵(bitmap)은 가장 많이 볼 수 있는 이미지로, 작은 네모 형태의 픽셀(pixel)이 모여 하나의 그림을 구성합니다. 해상도가 높다는 것은 픽셀이 많이 있는 것이고, 해상도가 낮으면 픽셀이 적은 것이죠. 해상도 낮은 이미지는 계단처럼 깨져 보이기도 합니다.

반면에 벡터는 점과 선, 면으로 구성되어 그 면을 컬러로 채운 이미지입니다.

1. 맛있는 디자인 망고보드 **사용 방법**

그렇기에 크기가 커져도, 작아져도 형태가 선명하고, 용량이 작습니다. 가장 좋은 점은 색을 변경할 수 있다는 것이죠.

망고보드에서 비트맵과 벡터의 차이

	비트맵 이미지	벡터 이미지
위치	[그래픽] 탭의 사진	[그래픽] 탭의 도형, 선, 아이콘, 차트도형, 지도도형
특징	보정과 자르기, 가장자리 흐리게, 배경지우기, 그림자 효과를 적용할 수 있음	색을 바꿀 수 있음. 그림자와 테두리선 적용. (*테두리선은 일부 가능)
공통점	디자인요소를 이미지 프레임에 넣을 수 있음	

비트맵 이미지(사진)

비트맵 이미지를 슬라이드에서 선택하면, 왼쪽과 같은 메뉴가 나타납니다. 위에서부터 배경제거, 보정, 가장자리 흐리게, 그림자, 링크, 슬라이드 배경으로 설정 옵션이 제공됩니다.

벡터 이미지

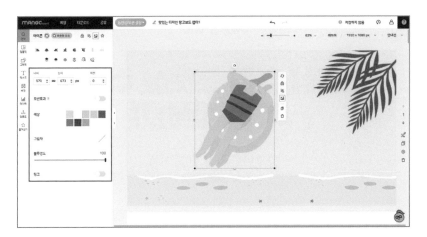

벡터 이미지를 선택하면, 왼쪽 옵션 창에 색상 버튼이 나타납니다. 디자인요소를 구성하고 있는 거의 모든 색이 나오므로 다른 컬러로 바꿀 수 있습니다.

포토샵 없이 포토샵 수준의
사진 편집하기

망고보드 사진 편집 기능

망고보드의 사진 활용법은 매우 다양합니다. 기존 사진을 여러 옵션을 통해 나의 디자인에 맞출 수 있습니다.

사진 추가하기

[그래픽] 탭의 [사진]을 클릭하면 나타납니다. 검색을 할 경우 [사진]카테고리를 클릭하면 또 비트맵 이미지만 나타납니다.
❶검색창에서 '강아지'를 검색하여 ❷[사진]카테고리를 클릭합니다. 검색된 사진 중 ❸의 사진을 클릭하면 바로 슬라이드에 추가됩니다.

이미지 자르기

❶의 [이미지 조정]을 이용하여 보이는 부분을 조절할 수 있습니다. 조절 후에는 꼭 ❷의 체크를 클릭해야 적용됩니다.

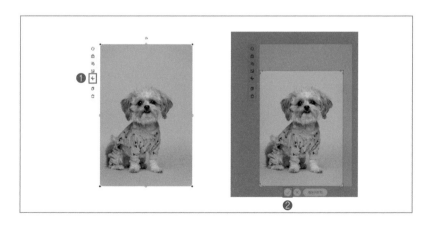

보정 기능

이미지를 선택한 후, ❶의 보정스위치를 클릭하면 보정 옵션이 나타납니다. 12가지의 보정을 선택할 수 있고, ❷의 직접 조정을 눌러 디테일한 수정도 할 수 있습니다.

가장자리 흐리게

❶다음과 같이 이미지를 선택한 후 왼쪽 옵션창의 ❷[가장자리 흐리게]를 켭니다. 8가지 방향 중 원하는 방향을 클릭합니다.

오른쪽을 선택하여 흐리게 만든 후, 배경색을 이미지 색과 비슷한 색으로 바꿔 만들었습니다.

원본   [가장자리 흐리게] 적용 후   [배경색] 적용 후

[가장자리 흐리게]를 활용한 예시

배경지우기

'밀짚모자'를 검색하여 슬라이드에 추가합니다. ❶[배경제거]를 선택합니다.

배경 편집창에서 ❷의 [배경제거]를 클릭합니다. 배경에 격자무늬가 나타나면 배경제거가 완료된 것입니다. 왼쪽 상단의 ❸[돌아가기]를 클릭한 후, [저장]을 클릭하면 ❹와 같이 배경지우기가 완성됩니다.

배경지우기를 하여 다음과 같이 다양하게 활용할 수 있습니다.

 ⇨

*배경제거가 불만족할 경우, 지우개 또는 복구 기능으로 부분 수정할 수 있습니다. 필터와 모자이크 기능도 있으니 활용해 보세요.

배경에 넣기

'도시'를 검색하여 다음의 사진을 슬라이드에 추가합니다.
슬라이드의 이미지를 선택한 후, ❶의 [슬라이드 배경으로 설정]을 클릭합니다

❷배경 부분을 마우스로 클릭하면, 옵션창에 배경옵션이 나타납니다.

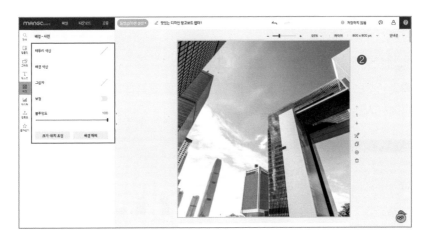

배경 색상과 불투명도, 보정 효과를 바꿔 다음과 같이 다양한 배경을 연출할
수 있습니다.

1. 맛있는 디자인 망고보드 **사용 방법**

내 사진 업로드하기

내가 찍은 사진, 내가 가지고 있는 사진을 망고보드에 업로드하여 다른 디자인요소와 똑같이 활용할 수 있습니다.

사진을 업로드하는 방법은 두 가지입니다.

업로드 탭에서 사진 가지고 오기

❶의 [업로드]를 클릭한 후, ❷의 [파일 업로드]를 클릭합니다. 사진이 있는 폴더에서 사진을 선택하고, ❸열기를 클릭합니다.

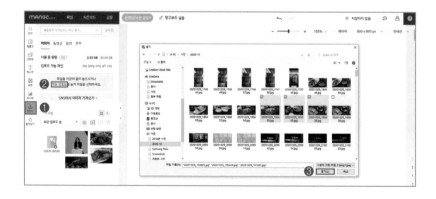

*여러 이미지를 한 번에 선택하여 열 수 있습니다.

TIP. 업로드 이미지 반복 사용하기

한 번 업로드한 이미지는 왼쪽 업로드 탭에서 확인할 수 있습니다. 필요할 때마다 반복해서 사용할 수 있습니다.

업로드 탭에는 폴더를 만들어 업로드된 이미지를 구분할 수 있습니다. 그리고 업로드 탭에서 사진을 지우면 그 사진을 사용한 모든 슬라이드에서 지워집니다. 이미지 삭제는 신중하셔야 합니다.

1. 맛있는 디자인 망고보드 **사용 방법**

SNS에서 사진 가지고 오기

운영하고 있는 SNS채널이 있다면, 그곳에서 바로 가지고 오는 방법도 있습니다.

현재는 인스타그램, 페이스북, 구글드라이브가 연결되어 있습니다.

❶업로드를 클릭하고, ❷SNS에서 이미지 가져오기를 클릭합니다.

❸다음의 채널 중 하나를 선택합니다.

채널을 선택하면, 승인요청 과정이 필요합니다. 다음의 내용을 읽어보고 맞으면 ❹[허용(Allow)]을 클릭합니다.

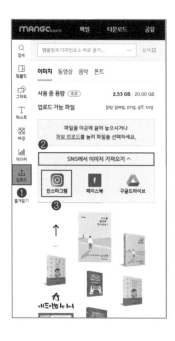

다음과 같이 인스타그램 계정에 올린 사진이 보입니다. ❺그 중 하나를 선택합니다.

 TIP. 업로드한 이미지 해상도 알아보기

업로드한 사진 위의 돋보기를 클릭하면, 다음과 같이 사진의 정보가 나옵니다. 해상도를 확인할 수 있습니다.

*다운로드를 클릭하면 업로드된 이미지를 PC로 다시 다운로드할 수 있습니다.

1. 맛있는 디자인 망고보드 **사용 방법**

선명하고, 정확하게
벡터 이미지 활용하기

망고보드 벡터이미지 편집 기능

망고보드의 다양한 디자인 재료 중, 선택하여 색상 버튼이 나타나는 것은 모두 벡터 이미지입니다. 나에게 맞는 형태를 정하고, 색을 자유롭게 바꿀 수 있어서 매우 유용합니다.

벡터 이미지 추가하기

[그래픽] 탭의 도형에서 다음의 도형을 선택하여 슬라이드에 추가합니다.

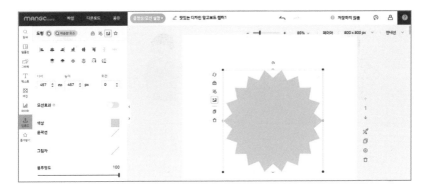

도형에 단색, 그라데이션색을 적용할 수 있고, 윤곽선을 추가할 수 있습니다.

배경이미지 색 변경하기

많은 색의 이미지는 다음과 같이 색 버튼이 여러 개 나타납니다. 원하는 색을
바꿔 다양한 연출을 할 수 있습니다.

1. 맛있는 디자인 망고보드 **사용 방법**

원하는 디자인요소
빠르고 정확하게 찾기

망고보드 디자인요소 검색

망고보드는 사진, 아이콘, 동영상, 차트 등 콘텐츠를 꾸밀 수 있는 다양한 디자인요소들을 제공하고 있습니다. 망고보드에서 가장 필요한 기술은 '검색기술'이라고 할 만큼 내게 필요한 이미지를 빠르게 찾을 수 있는 다양한 방법이 필요합니다. 검색 관련 옵션을 이용하면 많은 자료 속에서 내가 원하는 요소를 빠르고, 정확하게 찾아낼 수 있습니다.

검색하기

검색을 하기 위해선 검색창에서 원하는 키워드를 입력하고, 엔터를 누르면 됩니다.

1. 맛있는 디자인 망고보드 **사용 방법**

키워드는 구체적인 단어를 입력하는 것이 좋습니다. 예를 들어 자연보호에 관한 콘텐츠를 완성해야 한다면, 구체적인 단어인 쓰레기, 일회용품 등의 키워드를 검색하면 원하는 디자인요소를 보다 쉽게 구할 수 있습니다.

구체적인 단어로 검색하기	광범위한 단어의 상황, 행동, 사물들로 검색을 하면 구체화된 디자인요소를 검색할 수 있습니다. 예) 제휴, 계약 ➡ 악수, 계약서
추상명사로 검색하기	건강과 관련된 이미지를 찾기 위해 병원, 의사를 검색하는 것도 좋지만, 그 상황의 느낌을 검색하는 것도 추천합니다. 예) 병원, 의사 ➡ 건강, 행복, 마음
행위나 동작으로 검색하기	공원을 꾸미고 싶다면, 공원에서 활동하는 행동을 검색하는 것을 추천합니다. 예) 달리기, 놀기, 자전거타기
두 단어 이상 검색하기	한 단어로 설명하기 어렵다면, 두 단어 이상 적어 검색하는 것을 추천합니다. 예) 학생, 남자, 자전거

상세 옵션으로 검색하기

검색하기 전에 내가 찾는 디자인요소와 관련된 키워드가 무엇이 있을지 떠올려 보기 바랍니다. 망고보드 검색창은 여러 키워드를 한꺼번에 입력할 수 있고,

또 상세 옵션을 활용하면 더 정확한 검색이 가능합니다.

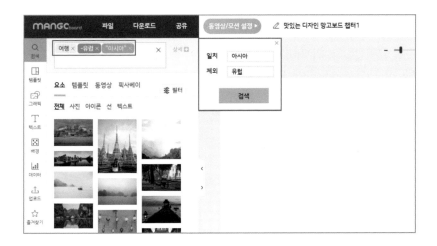

필터 옵션으로 검색하기

키워드 검색에서 원하는 요소를 찾기 어렵다면, 필터 옵션을 함께 활용하는
방법을 추천합니다. 필터 옵션은 검색된 키워드에 해당되는 다양한 카테고리
와 스타일을 체크할 수 있습니다.

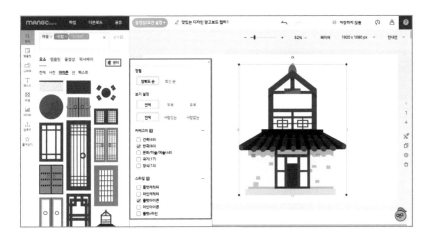

태그로 검색하기

바다 속을 표현하기 위해 '바다'라는 키워드를 검색하여 다음의 이미지를 추가하였습니다. 비슷한 다른 요소를 찾기 위해 ❶의 이미지를 선택하고, ❷의 태그를 클릭합니다. 이 이미지가 연결되어 있는 태그가 모두 나타납니다. 그 중 하나의 태그를 선택하면, 관련 이미지를 더 쉽게 찾을 수 있습니다.

비슷한 요소로 검색하기

슬라이드 이미지와 비슷한 스타일의 디자인 재료를 찾으려면, ❶의 이미지를 클릭하고, ❷비슷한 요소를 클릭합니다.

다음과 같이 비슷한 스타일의 이미지를 보다 쉽게 찾을 수 있습니다.

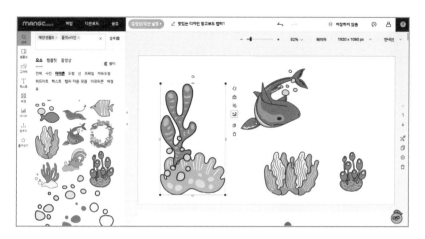

1. 맛있는 디자인 망고보드 **사용 방법**

다양한 폰트와 옵션을 적용한 텍스트 디자인

망고보드 텍스트

텍스트 디자인에서 가장 중요한 것은 폰트입니다. 어떤 폰트를 쓰느냐에 따라 분위기가 바뀌기도 하고, 유행 지난 폰트를 쓰면 전체 디자인 퀄리티가 낮아지기도 합니다. 폰트는 폰트제작자에게 저작권이 있기 때문에 라이선스가 무료인 폰트를 찾거나, 라이선스를 구입하여 사용해야 합니다.

망고보드 텍스트는 개발사에서 저작권을 일괄 구매하여 사용 지원합니다. 따라서 폰트에 대한 저작권 걱정 없이 자유롭게 사용할 수 있습니다.

망고보드의 자유로운 폰트

어떤 폰트를 쓰는가에 따라 콘텐츠의 느낌이 달라집니다.
주로 강하고, 깔끔하고, 신뢰감을 주어야 할 때는 고딕 폰트, 부드럽고, 온화
하고, 감성적인 느낌을 주고자 할 때는 명조 폰트, 트렌디하고, 개성 있고, 재
미있는 글을 표현할 때는 디자인 폰트를 사용하는 것이 일반적입니다.

망고보드는 고딕, 명조, 장식, 손글씨, 옛글씨 5가지 스타일로 폰트를 나눠 놓
아 느낌에 맞는 폰트를 찾기가 쉽습니다.

고딕
강하고, 깔끔하고, 신뢰감이
드는 폰트

명조
부드럽고, 온화하며, 감성적인
폰트

장식
트렌디하고, 유머 있고, 재밌
는 폰트

손글씨
아날로그 느낌의 폰트

옛글씨
고전적인 느낌의 폰트

1. 맛있는 디자인 망고보드 **사용 방법**

망고보드 기본 텍스트

폰트의 종류와 크기를 다르게 제목, 본문의 두 가지 스타일로 제공합니다. 폰트 스타일 중 하나를 마우스로 클릭하면, 슬라이드에 텍스트 박스가 추가됩니다.

슬라이드의 텍스트 박스를 더블클릭하여 다음과 같이 파랗게 선택되면 내용을 수정할 수 있습니다.

디자인 텍스트

디자인 텍스트는 텍스트와 다른 도형을 모아 다양한 형태로 구성해 놓은 것입니다. 대부분 도형과 텍스트로 구성되어 있기 때문에 내용을 바꿀 수 있고, 폰트의 크기, 위치, 컬러, 디자인요소의 추가·삭제 등이 가능합니다. 다음 예시처럼 디자인 텍스트에서 제공하는 쿠폰을 커피 쿠폰으로 바꿀 수 있습니다.

*디자인 텍스트는 그룹으로 설정되어 있어 그룹 해제하여 일부분을 지우거나 위치를 이동할 수 있습니다.

워드아트

워드아트는 주제에 어울리는 폰트와 컬러, 옵션까지 맞춰놓은 텍스트 샘플입니다. 필요한 상황에 맞게 내용과 배경을 바꿔서 사용할 수 있습니다.

망고보드 워드아트

유튜브 썸네일 이미지
<출처 : 대한민국 청와대 유튜브>

캘리그라피 텍스트

캘리그라피 텍스트는 자음과 모음을 조합하여 만드는 텍스트입니다. 자음과 모음 각각 6개 정도의 모양을 제공합니다. 하나씩 모아서 하나의 단어를 완성할 수 있습니다.

캘리그라피 텍스트는 벡터 이미지로 크기와 컬러를 자유롭게 조절할 수 있고, 투명도 조절이 가능합니다. 배경이미지와 다른 디자인요소와 더불어 표현하기 좋은 디자인요소입니다. 감성적인 소구가 필요할 때 유용합니다.

캘리그라피 텍스트는 5가지 폰트를 제공합니다.

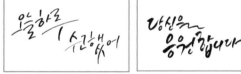

라그라스꽃말

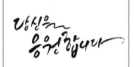

낮보다는밤

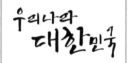

우리나라대한민국

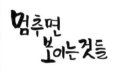

수고했어오늘도

한번뿐인인생

망고보드 텍스트 옵션

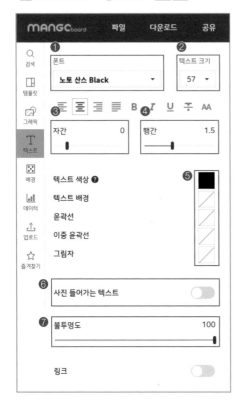

❶ 폰트 : 폰트의 종류를 바꿉니다.

❷ 텍스트 크기 : 슬라이드에서 조절점을 이용하여 크기를 조절하거나, 정확한 크기를 원한다면, 텍스트 크기에서 수치를 선택하거나, 입력합니다.

❸ 자간 : 글자와 글자 사이의 간격을 조절합니다.

❹ 행간 : 줄과 줄 사이의 간격을 조절합니다.

❺ 각 부분 색상 : 색상 버튼을 클릭하여 각 부분의 컬러를 바꿀 수 있습니다.
/ 로 표시된 부분은 색이 선택되지 않은 상태입니다.
각 부분이 색을 선택하면, 세부 옵션이 추가로 나타납니다.

❻ 사진이 들어가는 텍스트 : 옵션을 활성화하여 준비된 사진을 텍스트로 마우스 드래그하면 사진이 삽입됩니다.

❼ 불투명도 : 텍스트 전체의 불투명도를 조절합니다.

다음과 같이 '무료배송'을 꾸며봅니다.

1. 텍스트를 입력합니다.

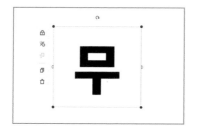

슬라이드에 다음과 같이 텍스트를 입력합니다.

2. 텍스트를 꾸며줍니다.

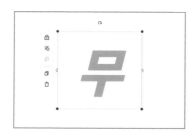

텍스트의 컬러를 청록색으로 바꾸고, [기울기]를 적용합니다.

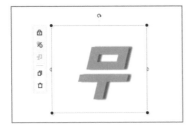

그림자의 컬러를 블랙으로 선택하고, 그림자 설정의 옵션을 다음과 같이 조절합니다.

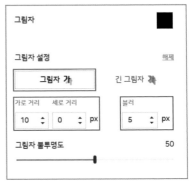

3. 텍스트를 복사합니다.

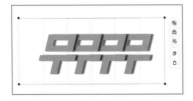

'무'글씨를 마우스로 선택하고, 키보드의 [Ctrl]을 누르고 왼쪽으로 잡아당깁니다. 글씨가 복사됩니다.

*왼쪽으로 복사되어야 겹치는 순서가 바로 맞춰집니다.

완성된 네 개의 글씨를 모두 선택하여 왼쪽 상단의 [가로 간격 동일하게]와 [중간 정렬]을 클릭하여 정렬합니다.

네 개의 글씨를 만들 내용으로 수정합니다.

4. 트럭 아이콘을 추가하여 다음과 같이 완성합니다.

디자인이 쉬워지는
컬러 선택 방법

망고보드 컬러

망고보드 이미지

컬러만 잘 써도 디자인의 절반은 성공한 셈입니다. 하지만 컬러를 선택하는 것은 전문가들에게도 어려운 일입니다. 망고보드에서 미적감각이 없어도 세련된 컬러를 쉽게 선택할 수 있는 다양한 컬러 선택 방법을 소개합니다.

기본 단색 컬러 선택하기

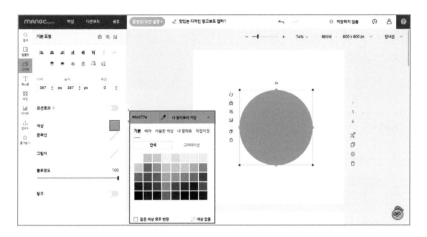

디자인요소를 선택하고, 색상 버튼을 클릭하면 가장 먼저 기본 컬러가 나옵니다. 일반적으로 가장 많이 사용하면서도 세련된 컬러의 조합을 쉽게 선택할수 있습니다.

기본 팔레트와 테마 팔레트에서는 망고보드가 추천하는 예쁜 컬러들을 볼 수 있습니다.

1. 맛있는 디자인 망고보드 **사용 방법**

그라데이션 컬러 선택하기

기본 팔레트에서 [그라데이션]을 클릭하면 다양한 조합의 그라데이션 팔레트를 확인할 수 있습니다. 그라데이션을 선택한 후 테마 팔레트를 클릭하면 더 많은 그라데이션 컬러가 나타납니다.

그라데이션 컬러는 도형뿐만 아니라, 배경과 텍스트에도 적용할 수 있습니다.

 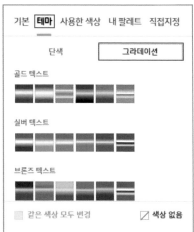

그라데이션 컬러를 선택한 후, [직접지정]을 클릭하면 그라데이션의 편집이 가능합니다.

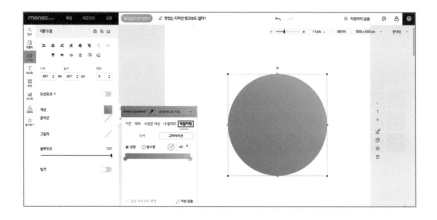

그라데이션 컬러를 이용해 다음과 같은 얼음 느낌의 디자인을 완성할 수 있습니다.

사용한 색상 선택하기

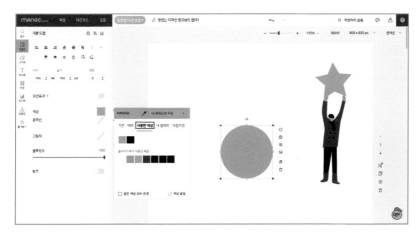

[사용한 색상]에는 망고보드 작업 중 한 번이라도 선택하여 썼던 컬러들이 모여 있습니다. 같은 컬러를 반복적으로 선택하기에 매우 편리합니다.
또, 다른 디자인요소의 컬러를 적용하기에도 매우 유용합니다.

*[사용한 색상]에 표시되는 컬러는 디자인요소 중 벡터 이미지의 컬러만 해당됩니다.

1. 맛있는 디자인 망고보드 **사용 방법**

예제

다음과 같이 네이버와 유튜브 컬러를 디자인요소에 적용해 봅니다.

1. 검색창의 디자인요소를 불러옵니다.

망고보드 검색창에서 [검색창]이라고 찾아 다음과 같이 슬라이드에 추가합니다.

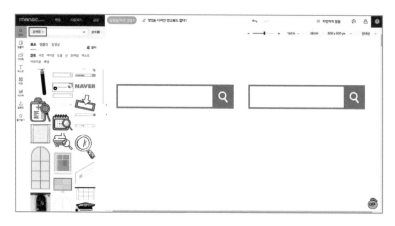

2. 해당색의 로고를 불러옵니다.

망고보드 검색창에서 '네이버'와 '유튜브'를 검색하여 다음과 같이 각 회사 로고 아이콘을 슬라이드에 추가합니다.

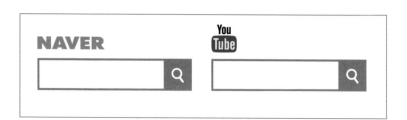

3. 사용한 색상 팔레트에서 컬러를 선택합니다.

검색창 디자인요소를 선택하고, 컬러 팔레트의 [사용한 색상]을 클릭하면 로고에 사용된 컬러가 들어있습니다. 팔레트에서 원하는 컬러를 클릭만 하면 색이 적용됩니다.

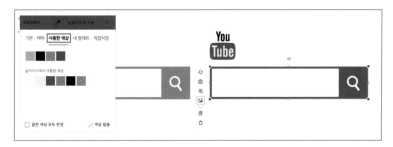

4. 다음과 같이 완성합니다.

로고의 위치를 옮겨 완성합니다.

1. 맛있는 디자인 망고보드 **사용 방법**

직접지정으로 컬러 선택하기

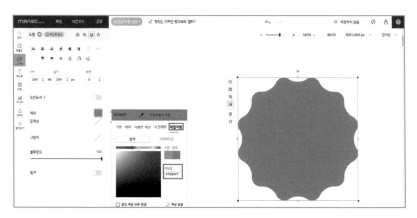

[직접지정]을 클릭하면 컬러 영역에서 직접 선택할 수 있습니다.
또, 색상값을 입력하여 색을 변경할 수 있습니다.

TIP. 다른 사이트의 컬러값 복사해 오기

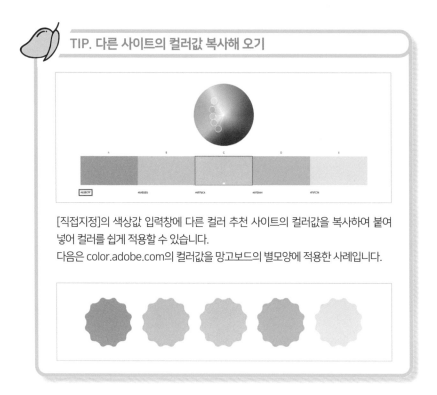

[직접지정]의 색상값 입력창에 다른 컬러 추천 사이트의 컬러값을 복사하여 붙여
넣어 컬러를 쉽게 적용할 수 있습니다.
다음은 color.adobe.com의 컬러값을 망고보드의 별모양에 적용한 사례입니다.

망고보드 스포이트로 컬러 선택하기

스포이트로 색을 추출하는 망고보드 컬러피커(Mangoboard ColorPicker) 프로
그램을 지원합니다. 크롬이나 엣지, 웨일 브라우저에서 확장프로그램으로 추
가 설치하면 자유롭게 화면에서 색을 추출할 수 있습니다.
*한 번만 설치하면 계속 사용할 수 있습니다.

망고보드 컬러피커가 설치되어 있으면, 다음과 같이 컬러 팔레트 안에 ❶ [스
포이트]가 나타납니다. 이 스포이트로 레몬의 일부분을 찍으면 레몬의 색이
추출됩니다.

배경을 이미지에서 추출된 컬러로 적용하면 훨씬 더 어울리는 컬러를 선택할
수 있습니다. 주인공인 레몬과 어울리도록 배경의 색을 완성합니다.

TIP. 망고보드 컬러피커 설치하는 방법

*망고보드 컬러피커를 설치하는 방법은 다음과 같습니다.

색상 버튼을 클릭하면 다음과 같이 스포이트 모양이 나옵니다. 이 스포이트를 클릭합니다.

새로운 크롬창이 열리고, 다음과 같은 창이 나타나면, 화면의 [Chrome에 추가]를 클릭합니다.

다시 한 번 팝업창이 나타나고, [확장 프로그램 추가]를 클릭하면 망고보드 컬러피커 프로그램 설치가 완료됩니다.

사진을 원하는 모양으로
프레임 사용법

망고보드 프레임

프레임은 사진을 담는 액자입니다. 우리가 찍은 사진은 늘 사각형 모양인데, 원하는 프레임을 선택하여 그 모양 안에 담을 수 있습니다. 프레임을 사용하면 더 이상 이미지를 동그랗게 자르기 위해 포토샵을 사용할 필요가 없습니다.

1. 맛있는 디자인 망고보드 **사용 방법**

프레임 사용 방법

1 사진과 프레임을 준비한다.

2 사진을 드래그하여 프레임 안에 넣는다

3 프레임의 옵션을 조절하여 완성한다.

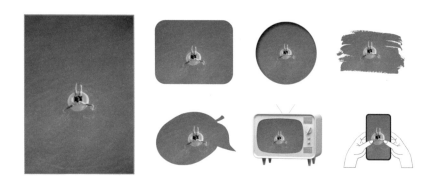

슬라이드에 이미지를 준비하고, 프레임 중 원하는 모양을 선택하여 추가합니다. 마우스로 사진을 잡아 프레임 위로 올린 후, 마우스를 놓으면 이미지가 프레임 안에 들어갑니다. 프레임의 종류는 기본형과 디자인형이 있습니다.

기본 프레임

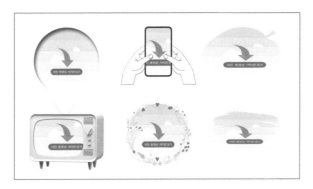

디자인 프레임

*프레임도 검색창에서 키워드로 검색할 수 있습니다.

이미지 프레임의 옵션

프레임에 사진을 넣었는데 사진의 노출 범위가 마음에 들지 않으신가요? 그렇다면 프레임을 더블클릭을 해봅니다. 그럼 현재 삽입되어 있는 사진(또는 아이콘/동영상)의 위치와 크기를 재배치하거나 형태를 가로/세로로 뒤집는 옵션을 이용하여 다르게 보여줄 수 있습니다.

프레임에 넣을 수 있는 디자인요소

프레임은 사진뿐만 아니라 아이콘, 동영상도 삽입할 수 있어 다양한 콘텐츠에
적용할 수 있습니다.

TIP. 선택한 요소를 프레임에 넣고 싶지 않다면?

슬라이드에 프레임이 있는 경우, 다른 이미지나 아이콘을 위에 올리고 싶어도 자꾸
프레임에 삽입되는 상황이 발생합니다. 그럴 땐 [프레임 삽입 방지] 옵션을 활성화
하거나 프레임에 [잠금 설정]을 해놓으면 프레임에 이미지가 들어가지 않습니다.

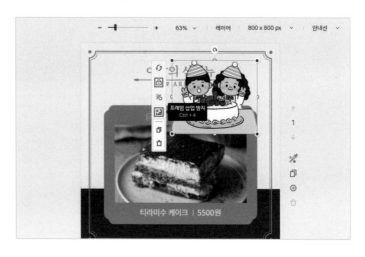

완성된 내 콘텐츠
쉽게 공유하기

망고보드 공개웹페이지·템플릿 보내기

내가 작업한 콘텐츠를 특정 대상이나 많은 사람들에게 보여줘야 하는 상황이 생기는데요. 망고보드 공유 서비스를 이용하면 작업물을 다운로드하지 않아도 상대에게 바로 공유하거나, 팀별 작업을 진행할 수 있습니다. 또 동영상, GIF 이미지, 하이퍼링크 옵션을 적용할 수 있어 전달력 높은 프레젠테이션을 완성시킬 수 있습니다. 그럼 공유 버튼에 구성된 메뉴들을 확인해보겠습니다.

망고보드 공개웹페이지(프레젠테이션) 알아보기

공개페이지는 완성된 콘텐츠를 상대방이 확인할 수 있도록 URL(웹페이지)을 자동으로 만들어 주는 서비스로 프레젠테이션 용도로 활용할 수 있습니다. ❶공개 여부를 '공개'로 설정하면 ❷URL이 생성된 걸 확인할 수 있으며, 어떤 방식으로 보여줄지 옵션을 설정할 수 있습니다. 결과물을 보고 싶다면 ❸[바로가기] 버튼을 눌러 확인하면 됩니다.

생성된 URL로 들어가면 완성된 콘텐츠를 웹페이지 형태로 볼 수 있습니다. 슬라이드 보기 설정과 공유 옵션을 사용할 수 있습니다.

공개웹페이지 하이퍼링크 적용하기

콘텐츠에 구성된 정보가 너무 많다면, 하이퍼링크 기능을 이용하는 것도 좋은 방법이 될 수 있습니다. 슬라이드에서 ❶하이퍼링크를 적용할 특정 요소를 선택한 후, ❷[링크] 옵션을 활성화하여 ❸[하이퍼링크]에 이동할 웹주소(URL)를 입력해보시기 바랍니다.

공개웹페이지 유튜브 동영상 적용하기

공개웹페이지는 동영상 요소도 적용할 수 있어 이미지로만 구성된 콘텐츠보다 더 전달력 있는 작업을 진행할 수 있습니다. 업로드된 유튜브 동영상을 망고보드로 불러오겠습니다.

먼저 망고보드에 추가할 유튜브 동영상을 열어 하단의 공유 버튼에서 주소를 ❶복사합니다.

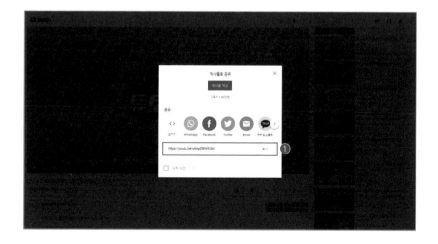

복사한 주소는 망고보드 [데이터] 탭의 ❷[YouTube]에서 붙여넣기를 한 후 [삽입]을 클릭합니다.

템플릿 보내기(프로 계정 전용)

망고보드 이용자(프로 계정) 사이라면 템플릿을 주고받으며 팀별 작업을 진행할 수 있습니다. 공유 버튼을 누르고 ❶템플릿 보내기에 들어가 상대방 아이디를 입력하여 템플릿을 보내보세요.

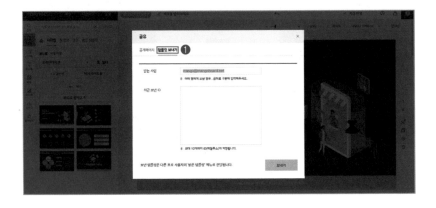

보낸 템플릿은 상대방 계정 [템플릿]의 ❷받은 템플릿에서 확인할 수 있습니다.

1. 맛있는 디자인 망고보드 **사용 방법**

완성된 콘텐츠
파일로 다운로드하기

망고보드 저장

템플릿 작업을 모두 끝냈다면 이제 정말 마지막 단계로 넘어갑니다. 바로 파일로 다운로드하는 것이죠. 망고보드에서 제공하는 템플릿이 적용되는 파일 확장자들은 각각 다릅니다.

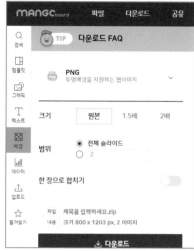

JPG/PNG(이미지)

우리가 웹/SNS에서 일반적으로 가장 많이 활용하는 저용량 확장자로 포스터, 배너, 카드뉴스, 유튜브 썸네일 등 대부분의 템플릿이 적용됩니다. ❶크기와 범위를 설정하거나 상세페이지와 같이 세로형으로 긴 형태로 파일을 받을 경우 ❷[한 장으로 합치기] 옵션을 체크한 후 다운로드를 진행하면 됩니다.

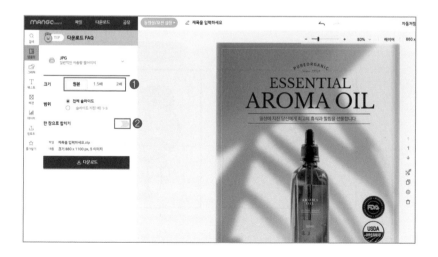

1. 맛있는 디자인 망고보드 **사용 방법**

PNG는 투명 배경이 적용되는 확장자로 반드시 망고보드에서 배경을 ❶투명 배경으로 설정한 상태에서 다운로드를 진행해야 합니다.

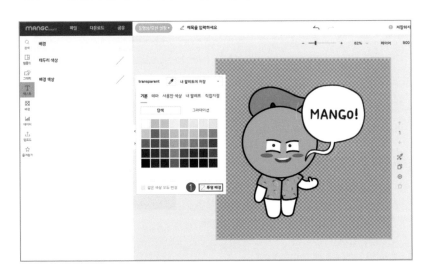

 TIP. 투명 배경 PNG 다운로드 시 주의사항!

망고보드에서 투명 배경으로 요소를 다운로드할 때 단일 요소로 받으면 망고보드에서 제공받았음을 증명할 수 없습니다. 추후 저작권 문제가 생기지 않도록 반드시 2개 이상(ex. 일러스트+사진+텍스트)로 조합하여 진행합니다.

단일 요소 다운 X

요소가 조합된 형태 O

GIF/ WebP(이미지)

GIF / WebP는 애니메이션이 적용되는 이미지로 웹/SNS에서 보이는 움짤 형태로 이해할 수 있습니다. 망고보드에서는 동영상 소스와 애니메이션 효과로 구성된 모션 템플릿이 이 확장자에 적용됩니다.

PDF(이미지/인쇄용)

PDF는 우리가 작업한 콘텐츠를 문서 형태로 읽거나 인쇄를 진행할 수 있는 확장자입니다. 특히 인쇄 목적으로 사용할 경우 인쇄용/제휴업체(일반/프로 전용)로 다운로드를 진행하면 됩니다.

1. 맛있는 디자인 망고보드 **사용 방법**

PPTX(파워포인트)

망고보드에서 작업한 프레젠테이션을 파워포인트로 변환하여 학교, 기관 등
에 제출해야 하는 경우도 있지요? 그럴 경우 PPTX 확장자로 다운로드하면 됩
니다. 단, 타 프로그램에서 2차 편집이 불가능한 망고보드 저작권 규정상(동영
상 프로그램은 제외) 간단한 텍스트 작업 외에는 이미지를 수정할 수 없다는 점
기억해 두세요.

MP4(동영상)

동영상 템플릿과 같이 슬라이드에 동영상 소스와 애니메이션 효과로 구성된 콘텐츠를 동영상(최대10분)으로 다운로드받을 수 있습니다. 15초 이내로 짧게 구성된 콘텐츠라면 GIF 확장자로도 활용할 수 있습니다.

 TIP. 다운로드 파일 위치 확인하기

파일을 다운로드했는데 내 PC 어디에 저장되어 있는지 알지 못하는 상황이 생길 수 있습니다. 파일 저장경로는 각 컴퓨터마다 다르게 설정되어 있는데 이는 ①크롬 브라우저 설정 창에 들어가 ②고급 버튼을 눌러 ③다운로드에서 저장경로를 확인하면 됩니다.

1. 맛있는 디자인 망고보드 **사용 방법**

무료부터 프로까지
요금제 완벽 파악

망고보드 요금제

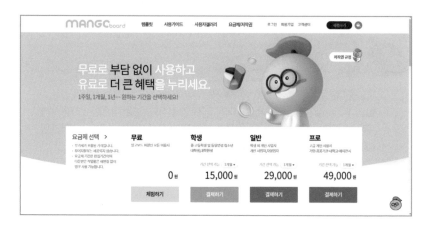

망고보드 홈페이지의 요금제/저작권 메뉴에서는 유료 요금제를 결제하여 망고
보드에서 제공하는 기능/서비스를 사용할 수 있습니다. 유료 요금제를 이용하
고 있을 경우 차액만 결제하여 더 높은 요금제로 업그레이드가 가능합니다.

망고보드 무료 사용자

무료 사용자는 요소에 워터마크가 표시되거나 템플릿 저장 개수/파일 업로드 용량이 제한되거나 다운로드 확장자가 정해져 있는 것과 같이 여러 제약사항을 갖고 있습니다. 유료 요금제만큼 자유로운 이용은 불가능하지만, 잘 활용하면 무료로도 충분히 콘텐츠 작업이 가능합니다.

무료 사용팁1(저장 개수)

망고보드 무료 사용자는 템플릿 저장 개수가 10개로 제한됩니다. 하지만 10개를 다 채워도, 저장된 템플릿을 삭제하여 저장 개수를 다시 만들 수 있습니다. 삭제 템플릿은 휴지통으로 이동되며, 휴지통에서 삭제된 템플릿은 복구되지 않으니 미리 파일로 다운로드 해놓는 것이 좋습니다.

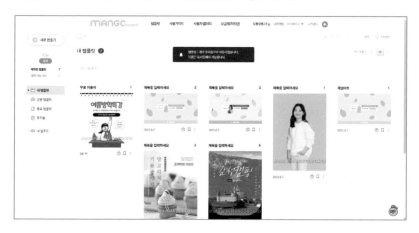

무료 사용팁2(워터마크 해결하기-폰트)

무료 사용자는 유료 디자인요소(사진, 일러스트, 프로 폰트)와 슬라이드 하단에 워터마크가 남는 제약이 있습니다. 슬라이드 하단의 워터마크는 삭제할 수 없지만, 요소의 워터마크는 없앨 수 있습니다.

먼저 폰트에 남은 워터마크는 프로 폰트가 적용되어 있기 때문인데요. 이는 프로 요금제부터 워터마크 없이 사용할 수 있는 폰트입니다. 우리는 텍스트의 [폰트 리스트]에서 [₩]아이콘 표시가 없는 일반 폰트를 사용하여 워터마크를 없애줄 수 있습니다.

아이콘 표시가 남은 폰트는 프로 폰트입니다.

일반 폰트로 수정하면 워터마크가 사라집니다.

무료 사용팁3(워터마크 해결하기-사진·아이콘)

사진, 아이콘에 남은 워터마크는 유료 요소가 사용되었기 때문입니다. 이럴 경우 검색창의 ❶필터 기능을 적용하여 ❷무료를 선택한 후 마음에 드는 무료 요소로 교체하면 됩니다.

학생 사용자

학생 사용자는 학생들을 위한 계정으로 저렴한 비용으로 자유롭게 사용할 수 있습니다. 단 상업용으로의 사용은 제한되어 있습니다. 과제, 공모전 등을 위

1. 맛있는 디자인 망고보드 **사용 방법**

한 작업을 완성할 수 있습니다. 결제는 1주일, 1개월, 3개월 단위로 할 수 있습니다.

일반 사용자

일반 사용자는 개인 사업자, 소상공인 등 개인 사용자들을 위한 요금제입니다. 망고보드에서 제공하는 모든 기능(프로 폰트 제외)을 사용할 수 있고, 작업에도 제한이 없어 가성비가 가장 높은 계정입니다. 결제는 1주일, 1개월, 3개월, 1년 단위로 할 수 있습니다.

프로 사용자

프로 사용자는 기업과 공공기관을 위한 계정입니다. 기업의 로고, 폰트, 컬러를 등록 및 저장하여 브랜드 디자인 포맷을 구축할 수 있습니다.

요금제별 제공 기능

워터마크 제거	무료	픽셀	일반	프로
유료 요소 워터마크	있음	✓ 워터마크 없음	✓ 워터마크 없음	✓ 워터마크 없음
프로 폰트 워터마크	있음	있음	있음	✓ 워터마크 없음
기본 제공 기능				
작업저장 개수	10개	50개	무제한	무제한
업로드 용량	50 MB	200 MB	1 GB	20 GB
사용자 동영상, 음악, 폰트 업로드	✕	✕	✕	✓
사용자 템플릿 보내기생기	✕	✕	✕	✓
동영상				
동영상 작업 시 슬라이드 개수	10장(미리보기만 가능)	10장	15장	60장
MP4 다운로드 횟수	✕	2회/일	6회/일	20회/일
GIF 다운로드 횟수	2회/일	5회/일	7회/일	20회/일
다운로드 가능 포맷				
JPG, PNG 이미지	✓	✓	✓	✓
일반 이미지 PDF	✕	✓	✓	✓
인쇄용 벡터 PDF	✕	✕	✓	✓
투명 배경 PNG	✕	✕	✓	✓

1. 이미지와 동영상, 음원, 폰트를 20GB까지 업로드 용량을 지원합니다.
2. 프로 사용자 간에는 쉽게 협업할 수 있는 '템플릿 보내기/받기'가 가능하여 회사 내에서 반복 작업을 줄이고, 효율적으로 작업할 수 있습니다.
3. 프로 사용자만이 사용할 수 있는 유료 폰트를 추가로 제공하여 디자인을 표현할 수 있는 범위가 넓습니다.
4. 동영상을 길게 또 여러 번 다운로드받을 수 있습니다.

프로 사용자는 폰트 및 SVG 업로드 기능을 통해 회사/공공기관/개인이 보유하고 있는 글꼴과 SVG로 된 아이콘이나 로고를 업로드하여 사용할 수 있고, 회사 고유색상 및 자주 쓰는 색상들을 맞춤 팔레트로 등록하여 손쉽게 사용할 수 있도록 지원합니다. 결제는 1개월, 3개월, 1년 단위로 할 수 있습니다.

TIP. 망고보드 단체 아이디(복수계정) 만들기

학교 또는 기관에서 단체로 망고보드를 가입해야 할 경우 망고보드 홈페이지 고객센터에 1:1 문의를 남겨주면 됩니다. 단체 아이디 신청 양식은 다음과 같습니다.

단체 아이디 신청 양식
담당자 이름: 홍망고
담당자 이메일 주소: mango@naver.com
담당자 연락처: 010 1234 5678
아이디 패턴: mango
인원수: 30

복잡한 저작권
쉽고, 간단하게

망고보드 저작권

망고보드로 디자인하여 다운로드받은 결과물은 저작권 규정에 저촉되지 않는 한 인터넷, 모바일에 배포하거나 인쇄물로 제작하여 사용할 수 있으며 상업적인 용도를 포함하여 저작권에 문제가 발생하지 않습니다.

Q&A로 알아보는 망고보드 저작권 내용

1. 디자인요소를 투명 배경 PNG 파일로 다운로드할 때 단일 요소로 받아도 될까요?

망고보드에서 제공되는 디자인요소를 투명 배경 PNG 파일로 다운로드를 받을 때 단일 요소로 다운로드할 수 없습니다. 추후에 저작권 문제가 발생하여도 망고보드에서 제공받았음을 증명할 수 없기 때문이죠. 반드시 디자인요소를 2개 이상 조합하여 다운로드를 진행해주세요.

*단일요소 : ex. 사진 한 장만 다운로드 / 아이콘 하나만 다운로드 / 동영상 하나만 다운로드

2. 망고보드 작업물! 다른 프로그램에서 편집할 수 있나요?

망고보드에서 다운로드받은 결과물은 타 편집 프로그램(ex. 포토샵, 일러스트, 이외의 디자인 프로그램 등)에서 재편집을 할 수 없습니다. 단 아래 사항은 예외로 적용되니 참고해주세요.

편집 가능 범위	편집 가능한 세부 항목
PPT 확장자 파일 편집 범위	파워포인트에서 요소의 위치, 크기 조정 및 삭제와 텍스트 추가가 가능합니다.
투명 배경 PNG 파일 사용 범위	다른 편집 프로그램에 원본을 그대로 삽입하여 다른 이미지와 결합하여 사용이 가능합니다.
이미지 파일+동영상 프로그램 결합 범위	다른 동영상 프로그램에서 원본을 그대로 삽입하여 동영상과 결합하여 사용이 가능합니다.
동영상 파일 + 동영상 프로그램 결합 범위	다른 동영상 프로그램에서 자막, 더빙, 효과 삽입과 같이 시간 길이, 화면 자르기 및 붙이기 작업이 가능합니다.

3. 업로드한 요소에 저작권 문제가 발생하면 어떡하나요?

사용자가 업로드하여 사용하는 이미지, 동영상, 음악 등의 저작권에 대해 망고보드는 책임지지 않습니다. 외부에서 가져온 자료의 저작권은 반드시 확인하고 사용하시는 걸 권해드립니다.

4. 망고보드에서 작업한 결과물을 판매 목적으로 사용할 수 있나요?

망고보드가 제공하는 개별 디자인요소 및 템플릿을 토대로, 새로운 창작성이 들어간 저작물은 완성품으로 판매가 가능합니다. 그러나 간단하게 텍스트를 변경하는 것처럼 기존 템플릿과 동일성이 인정되는 단순 복제물은 판매가 불가능합니다. 또 재편집이 가능한 상태로도 판매할 수 없습니다.

5. 망고보드 무료 이용자! 워터마크를 삭제해도 될까요?

무료 사용자의 경우 슬라이드에 표시된 워터마크와 copyright 문구, 회사로고 표식을 제거할 수 없습니다.

6. 망고보드 작업물은 유료 기간이 끝나도 사용할 수 있나요?

망고보드 유료 서비스 이용이 끝나면 다시 무료 회원으로 전환되며, 제약사항에 맞춰 최근 작업물 10개를 제외한 나머지 템플릿은 모두 잠금 처리가 됩니다. 유료 기간 동안 다운로드한 작업물은 재편집이 없는 한 영구적으로 이용할 수 있습니다.

7. 망고보드 작업물의 상표권·저작권 등록이 가능할까요?

망고보드에서 제공하는 '디자인요소'를 포함하여 만들어진 '작업 결과물'에 대해 배타적 권리를 주장할 수 있는 상표권이나 저작권 등록은 불가능합니다.

8. 개인 사업자가 학생 요금제를 사용해도 되나요?

망고보드를 이용할 때 사용처에 해당되는 요금제를 사용해야 합니다. 만약 사용자가 요금제에 표시된 사용 대상과 일치하지 않을 경우, 회사는 서비스를 중단할 수 있으며 사용자는 잔여기간에 따른 환불을 받을 수 없습니다.

학생 요금제	일반 요금제	프로 요금제
중·고등학생 및 동일연령 청소년, 대학생, 대학원생	학생 외 개인 사업자, 자영업자	고급 개인 사용자, 기업·공공기관·대학교·에이전시

9. 망고보드 아이디를 여러 명이 사용할 수 있나요?

망고보드 아이디는 1인 1계정을 원칙으로 하고 있기 때문에 2인 이상 동시 접속이 불가능합니다. 사용자는 자신의 아이디와 비밀번호를 타인과 공유하거나 양도, 판매, 대여할 수 없습니다.

10. 망고보드에서 제공한 인물사진은 저작권에 문제가 없나요?

망고보드에서 제공하는 인물사진은 외설적이거나 명예를 훼손할 수 있을 경우 사용할 수 없습니다. 이외에도 합성 또는 특정 회사의 실제 상품, 서비스의 전속 모델로 오인하게 하거나 사회 미풍양속을 저해하는 용도(성인물/음란물/풍속업 등)와 고리대금업, 운세상담, 결혼정보 등으로 사용이 금지되어 있습니다.

해당 목적으로는 사용이 금지되어 있습니다

얼굴과 체형을
합성·변형 (성형외과)

성인물·고리대금업
풍속업·결혼정보

특정 상품·서비스의
모델, 체험자

망고보드 저작권 규정의 더 자세한 내용은 망고보드 홈페이지의 요금제/저작권 메뉴에서 확인해 보시기 바랍니다.

2

맛있는 디자인
망고보드
온라인
배너

배너 디자인에
필요한 모든 것

배너는 띠 모양의 광고로,
가장 기본적이고 효과적인 콘텐츠

작은 거인, 배너

인터넷에 접속하면 사방에서 '나 좀 눌러주세요'하며 각양각색의 이미지가 우리를 현혹합니다. 대부분은 광고라 그냥 무시하기도 하지만 색이 눈에 띄거나, 카피가 호기심을 자극하거나, 관심 있는 주제가 있으면 나도 모르게 클릭을 하게 됩니다.

배너는 인터넷 웹사이트에 뜨는 띠 모양의 광고로 상품 홍보, 이벤트 홍보 등의 내용을 작은 창에 한눈에 보이도록 만든 콘텐츠입니다. 자사 웹사이트의 트래픽을 높이기에 효과적일 뿐만 아니라 실제로 클릭과 같은 모든 작용들이 측정 가능해 상품의 홍보와 브랜드 인지도 향상을 위한 가장 기본적이고 효과적인 수단으로 사용됩니다.

소셜 미디어 전략가 Aida Gadzo에 의하면, 배너는 2초 안에 고객이 내용을 읽을 수 있어야 한다고 해요. 그러기 위해선 심플하고 밀도 있게 디자인되어야 하겠지요. 그럼, 배너를 만들기 위해 준비해야 할 것을 알아봅니다.

배너 사이즈 정하기

배너는 웹사이트와 광고 포맷에 맞춰 사이즈가 각각 다르게 정해져 있습니다. 네이버, 다음, 구글 등 웹사이트마다 크기가 다르게 설정되어 있고, 앱과 웹에 따라서도 다릅니다. 그러므로 목적에 따라, 비용에 따라 배너의 크기를 정확하게 맞춰 제작해야 합니다.

네이버 타임보드: 740 x 120, 네이버 메인 롤링보드: 332 x 150 <출처: 네이버>

2. 맛있는 디자인 망고보드 온라인 배너

다음 초기 리더보드형: 655 x 120, 다음 초기 브랜드 스테이션형: 300 x 150 <출처 : 다음>

배너에 어울리는 텍스트

배너에 들어가는 텍스트는 내용을 최소화하여 한 배너 당 10개 미만의 깔끔한 단어를 사용하는 것이 좋습니다. 폰트는 주로 3가지 이하의 고딕 계열 폰트를 사용합니다. 경우에 따라 캘리그라피 폰트와 같은 다른 스타일로 포인트를 주기도 합니다.

옴니고딕
옴니고딕
옴니고딕
옴니고딕

에스코어드림
에스코어드림
에스코어드림
에스코어드림

넥슨 고딕
넥슨 고딕
넥슨 고딕
넥슨 고딕

배너에 많이 사용하는 폰트

배너에 어울리는 컬러

배너에는 대비가 강한 컬러를 많이 사용합니다. 눈에 잘 띄기 위해서죠. 그 외에도 내용과 어울리는 컬러, 분위기와 맞는 컬러, 계절에 맞는 컬러 또는 브랜드 컬러를 적용하기도 합니다.

강한 대비의 컬러를 적용한 배너

기념일 컬러를 적용한 배너

브랜드 컬러를 적용한 배너

상품의 컬러를 적용한 배너

배너에 어울리는 이미지

배너에 사용되는 이미지는 내용에 맞는 것으로 전체보다는 부분으로 활용하는 것이 좋습니다. 아래 예시와 같이 한쪽에 있는 사람, 가운데를 비운 배경, 말풍선, 하단에 배치된 풍경, 칠판·전광판과 같은 구조물 등 텍스트를 넣을 수 있는 공간이 확보되어야 하고, 텍스트를 효과적으로 강조할 수 있는 이미지가 좋습니다.

배너에 적합한 망고보드 이미지

클릭을 부르는
배너 디자인하기

배너 기획하기

배너를 제작하기 전, 배너의 홍보 목적과 타깃을 정확하게 파악하여 글로 적어봅니다. 이렇게 하면 머릿속에 있는 형태를 구체화하고, 디자인 작업시간을 줄이는 데도 도움이 됩니다.

목적	신규 출시 프로그램 소개
타깃	20~30대 직장인
홍보 문구	하루 10분 원어민 대화, 24시간 1:1 전화영어
이미지	외국인
컬러 콘셉트	시원한 블루톤
사이즈	1000×370

망고보드 시작하기

망고보드 사이트에서 다음의 ❶[START]를 클릭하여 편집기를 시작합니다.

제목 저장하기

편집기를 열고 가장 먼저 하는 작업은 템플릿의 이름을 저장하는 것입니다. 슬라이드 상단의 '제목을 입력하세요'를 클릭하여 노란색으로 선택되면, 새로운 제목을 입력합니다.

*템플릿의 제목은 작업을 관리할 때도 필요하지만, 작업을 끝낸 후 다운로드할 때 파일의 이름이 됩니다.

슬라이드 크기 정하기

크기설정을 이용해 콘텐츠의 크기를 정합니다. 오른쪽 상단의 ❶현재 크기부분을 클릭하면 슬라이드 크기설정 창이 나타납니다.

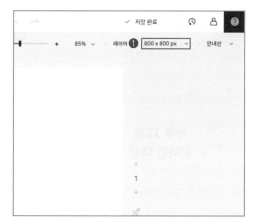

❷목록을 클릭하여 ❸[배너]를 선택하면 사이즈가 바뀌어 보입니다. 사이즈를 확인하고, ❹[확인]을 클릭하면 슬라이드의 크기가 바뀝니다.

*[사용자 설정]을 클릭하면 망고보드에 등록된 일반적인 콘텐츠 사이즈를 선택할 수 있고, 리스트에 없는 사이즈는 크기를 입력하여 정합니다.

텍스트 입력하기

기능 탭의 ❶[T]를 클릭하여 텍스트 탭을 엽니다. ❷기본 텍스트를 클릭하여 슬라이드에 추가합니다. 텍스트를 더블클릭하여 내용을 다음과 같이 수정합니다.

❸폰트는 잘난체, ❹왼쪽 정렬로 맞춰줍니다.
텍스트 부분을 더블클릭하여, 앞서 준비한 텍스트를 입력합니다.

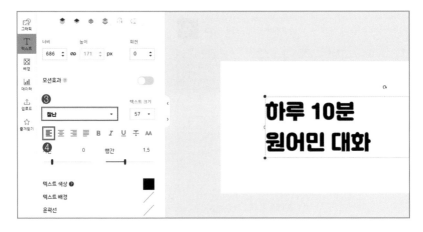

텍스트를 하나 더 추가하여 다음과 같이 입력합니다.

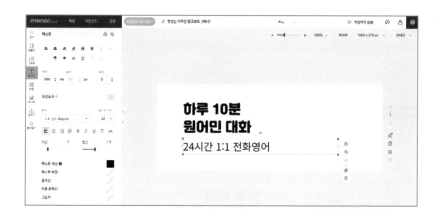

디자인 텍스트 입력하기

❶검색창에 '기간'을 검색합니다. [요소]-[텍스트]를 클릭하면 ❷의 디자인 텍스트를 찾을 수 있습니다.

추가하여 크기를 조절하고, 내용을 다음과 같이 수정합니다. 텍스트 폰트는 일반 폰트인 '강변북로' 폰트로 바꿨습니다.

이미지 넣어 배경 지우기

검색창에 '헤드폰'을 검색합니다. 다음의 이미지를 선택하여 슬라이드에 추가합니다.

사진의 배경을 지우기 위해 이미지를 선택한 후, ❶의 [배경제거]를 클릭합니다.

이미지 에디터의 ❷[배경제거]를 클릭하면, 자동으로 사진의 배경이 지워집니다. 완성되었다면, ❸의 [돌아가기]를 클릭합니다.

❹[저장]을 클릭합니다.

이렇게 완성이 됩니다.

컬러 맞추기

슬라이드 배경 부분을 마우스로 클릭합니다. ❶의 [배경색상]을 클릭하여 ❷ [테마] 팔레트에서 ❸다음의 컬러를 선택합니다.

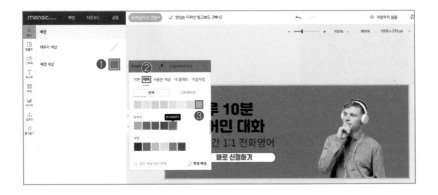

텍스트 컬러를 하얀색으로 바꿔줍니다.

배너 완성하기

다음과 같이 배너가 완성되었습니다.

[콘텐츠 확인하기]
https://myurl.ai/zTIUK

TIP. 망고보드 무료 이미지 찾는 법

무료 회원일 경우, [W] 표시가 붙어있는 이미지를 사용하면 다음과 같이 워터마크가 나타납니다. 워터마크 없이 사용하려면 [W] 표시가 없는 이미지를 찾아야 합니다.

유료 이미지

무료 이미지

워터마크 없는 디자인요소를 찾으려면 키워드를 검색한 후, ❶[필터]를 클릭하여, ❷의 [무료]를 선택하면 됩니다.

맛있는 디자인
망고보드
인스타그램
홍보물

텍스트로
홍보물 만들기

텍스트만으로도 인스타그램에서 눈에 띄는 콘텐츠

<출처> 서울에서 뭐 하지? @all.about.seoul.trip
https://www.instagram.com/all.about.seoul.trip/

<출처> 서울놀자그램 @seoul_noljagram
https://www.instagram.com/seoul_noljagram/

<출처> 자취생으로 살아남기 @one_home_life
https://www.instagram.com/one_home_life/

인스타그램에 보면, 여러 정보를 큐레이션하여 소개하는 콘텐츠가 많이 올라옵니다. 이때 주로 사용하는 방법으로는 사진과 눈에 띄는 텍스트입니다. 우리가 찍은 사진 한 장과 망고보드의 워드아트만 있으면 아주 쉽게 완성할 수 있습니다.

먼저 망고보드 텍스트의 다양한 효과 옵션들을 살펴보겠습니다.

감성 가득한
망고보드 텍스트

망고보드 텍스트 기본 옵션 알아보기

인스타그램에서 볼 수 있는 여러 콘텐츠의 텍스트 디자인은 망고보드에서도 충분히 표현할 수 있는데요. 한 번 텍스트 요소를 선택하여 좌측을 살펴봅시다. 그럼 텍스트의 기본 옵션을 모두 확인할 수 있습니다.

텍스트의 기본 옵션은 하나씩 적용하거나 여러 가지로 조합하여 적용할 수 있습니다. 폰트마다 어울리는 옵션들이 존재하니 다양하게 활용해보세요.

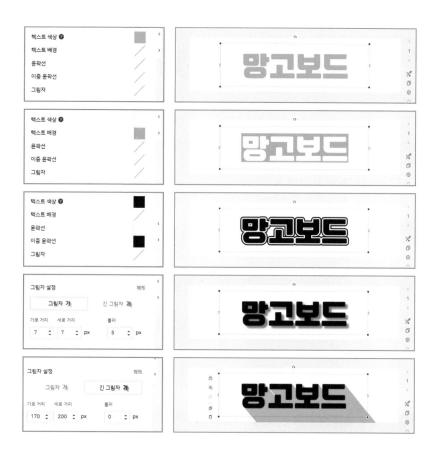

사진이 들어가는 텍스트

텍스트에 사진이 들어간 것만으로도 그 콘텐츠에 새로운 감성을 연출할 수 있습니다.
텍스트 요소를 클릭한 후 ❶[사진이 들어가는 텍스트]를 활성화합니다. 텍스트 안에 들어갈 사진을 불러와서 마우스 드래그로 쉽게 삽입할 수 있습니다.

삽입된 사진의 크기와 위치를 조정하고 싶으면 텍스트 요소를 클릭하여 ❷[이미지 조정] 옵션을 누르면 됩니다.

❶텍스트 색상을 지정하고 ❷내부 [사진 불투명도]를 조정해보세요. 삽입된 사진에 색상 필터가 입혀진 효과를 연출할 수 있습니다.

3D & 휘어진 텍스트

다양한 폰트에 입체적이거나 휘어진 효과를 적용하면 이전보다 더 리듬감이 느껴지는 타이틀을 디자인할 수 있습니다.

슬라이드의 휘어진 텍스트는 일반 텍스트 옵션에는 포함되어 있지 않아 ❶ [3D, 휘어진 텍스트] 텍스트 메뉴에서 따로 불러와서 사용해야 합니다.

3. 맛있는 디자인 망고보드 **인스타그램 홍보물**

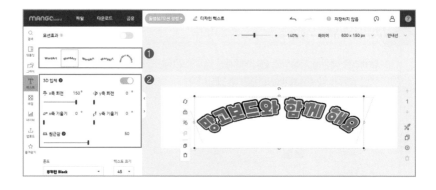

3D, 휘어진 텍스트를 불러오면 좌측에 옵션 값을 설정할 수 있습니다.
❶[휘어진 효과]는 다양한 형태로 선택하거나 텍스트를 선택하면 나타나는 크기 조정 박스를 상하좌우로 조정하여 모양에 변화를 줄 수 있습니다.
❷[3D 입체] 효과 옵션을 함께 적용하면 더욱 입체적인 타이틀을 만들 수 있습니다.

디자인 텍스트 & 워드아트 활용하기

텍스트 디자인은 폰트와 어울리는 효과/색상을 찾아서 적용해야 하기 때문에 누군가에게는 번거로운 작업이 될 수 있는데요.
망고보드는 디자인 텍스트와 워드아트에 예쁘게 꾸며진 텍스트들을 제공하고 있어 템플릿처럼 빠르게 불러와 사용할 수 있습니다.

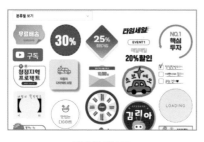

디자인 텍스트

워드아트

캘리그라피

캘리그라피 텍스트를 이용하면 감성적인 콘텐츠 작업도 가능합니다. [자음·모음]에서 본인이 보여주고 싶은 타이틀, 문구로 자유롭게 배치해보기 바랍니다.

힙한 인스타그램
홍보 이미지 만들기

배경 사진 넣기

[START]를 클릭하여 망고보드를 시작합니다. 인스타그램은 정방형의 이미지
이므로 이 상태 그대로 작업을 시작합니다.

❶검색창에 '제주'를 검색하여 ❷다음의 이미지를 슬라이드에 추가합니다. 슬

라이드의 이미지를 선택한 후 ❸의 [슬라이드 배경으로 설정]을 클릭합니다.

다음과 같이 이미지가 배경에 쏙 들어갑니다.

3. 맛있는 디자인 망고보드 **인스타그램 홍보물**

배경 테두리 추가하기

테두리를 넣으면 인스타그램에 올렸을 때 이웃의 사진과 구별되어 사진이 뚜렷해 보이는 효과가 있습니다.

❶배경 부분을 클릭한 후, 왼쪽 옵션 창에서 ❷테두리 색상을 클릭합니다. ❸의 흰색을 선택합니다.

❹테두리 두께를 [8], ❺테두리 이격을 [30]으로 맞춥니다. 그러면 다음과 같은 테두리가 완성됩니다.

테두리의 불투명도, 모서리 둥글기, 점선 등을 선택하면 다음과 같은 표현도 할 수 있습니다.

워드아트 추가하기

❶텍스트 탭을 누른 후 ❷[워드아트]를 클릭합니다. 다음의 워드아트를 선택하여 추가합니다.

추가한 워드아트를 더블클릭하여 내용을 바꿉니다.

제목과 부제목을 다음과 같이 입력합니다.

제목	해안이 아름다운 제주 올레길 코스
부제목	#나만 알고 싶은 제주

그런 후, 두 개의 텍스트를 모두 선택하여 ❶의 [왼쪽맞춤]과 ❷의 [왼쪽정렬]
을 클릭합니다. 다음과 같이 깔끔하게 정렬됩니다.

내용	폰트
해안이 아름다운 제주 올레길 코스	티몬 몬소리
#나만 알고 싶은 제주	잘난

인스타그램 홍보물 완성하기

다음과 같이 인스타그램 홍보물을 쉽게 완성하였습니다.

 [콘텐츠 확인하기]
https://myurl.ai/zTmll

 TIP. 배경 톤 다운하기

이미지로 배경을 채울 경우, 배경이 너무 도드라지면 내용이 잘 안보이게 됩니다.
이럴 때 배경을 톤 다운시키는 여러 방법이 있습니다.

배경 톤 다운하는 법 1
배경색을 넣고, 불투명도를 낮추면 원하는 톤으로 맞출 수 있습니다.

배경색을 다르게 넣어 원하는 컬러 톤으로 적용할 수 있습니다.

배경 톤 다운하는 법 2

복잡한 패턴을 써야 할 경우도 많이 있습니다. 이럴 때는 패턴에 도형 하나만 추가해도 충분히 단정해 보입니다.

배경 패턴을 넣고, [그래픽]의 [도형]을 추가합니다. 도형의 컬러는 단색을 추천합니다.

도형의 형태를 바꾸거나, 불투명도를 조금 낮춰 배경이 살짝 드러나게 하는 방법도 있습니다.

3. 맛있는 디자인 망고보드 **인스타그램 홍보물**

4

맛있는 디자인
망고보드
이벤트
홍보물

컬러로
홍보물 강조하기

디자인 콘텐츠를 강조하는 방법 중 하나는 컬러

한 명이라도 더 볼 수 있도록

홍보의 궁극적인 목표는 고객의 눈에 띄어 구매로 이어지게 하는 것입니다. 시시각각 올라오는 타임라인에서 고객의 눈을 사로잡기 위해 다양한 강조 방법들을 적용하게 됩니다. 이번 챕터에서는 눈에 띄는 컬러를 홍보 디자인에 적용하는 방법을 알아보겠습니다.

컬러로 강조하기

대비는 디자인의 기본 원리 중 하나입니다. 웹페이지나 인쇄 디자인에서도 중요한 요소로서 눈을 끌고, 주의를 집중시키기 위해서 가시성이 높은 대비 조합을 많이 사용합니다. 색상환에서 서로 반대편(보색) 또는 반대편의 좌우(유사 보색)에 위치한 색을 사용하는 것입니다. 고대비의 색은 서로 충돌하기 때문에 자칫 잘못 쓰면 촌스러운 색이지만, 잘 사용하면 서로를 효과적으로 강조할 수 있는 좋은 배합이 됩니다.

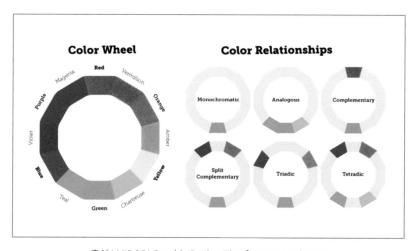

<출처 : MIDORI Graphic Design Tips for Non-Designers>

화가들도 색채의 대비 효과를 살려 표현하는 경우가 많은데, 대표적인 화가가 반 고흐입니다. 그가 그린 그림 〈까마귀가 나는 밀밭〉을 보면 밀밭의 수평선을 기준으로 위쪽과 아래쪽 그림의 색이 강한 대비를 이루고 있습니다. 어둑 어둑한 하늘과 황금색 밀밭 두 가지 강한 색이 부딪치지만 완전체처럼 어우러짐을 느끼게 됩니다.

반 고흐의 까마귀가 나는 밀밭 <출처 : 위키피디아>

디지털에서 컬러 표기법

디지털에서 색을 표현하는 방식 중 가장 많이 사용하는 것은 RGB입니다. RGB는 색의 삼원색인 R(red), G(green), B(blue)를 나열하여 만든 색상값입니다. 하나의 색은 256가지로 나눠지고, 세 가지 색을 모두 조합하면 16,777,216가지 색상을 표현할 수 있습니다. 하지만 웹에서는 256을 16진수로 표현하여 3자리가 아닌 두 자리씩 도합 6자리로 간략하게 표현하는 HEX 표기값을 더 많이 사용합니다. HEX값은 #으로 시작하여 R=두 자리, G=두 자리, B=두 자리. 총 6자리의 문자로 표현합니다. 이 HEX 컬러 표기 방법을 알게 되면 우리가 원하는 색을 더 빠르게 얻을 수 있습니다.

●	RGB(0,0,0)	#000000
●	RGB(255,0,0)	#FF0000
●	RGB(255,192,0)	#FFC000
●	RGB(169,209,142)	#A9D18E

매력적인 컬러 배합 찾기

이 많은 컬러에서 어울리는 배합을 찾는 것은 참 어려운 일입니다. 디자이너도 디자인에서 가장 어려운 것이 배색이라 할 정도로 좋은 컬러 배합을 만들기는 쉽지 않습니다. 그러나 우리는 좋은 대비의 색 배합을 제공하는 다양한 사이트의 도움을 받을 수 있습니다. 다음은 가장 많이 찾는 컬러 추천 사이트입니다.

컬러드롭 colordrop.io

컬러드롭은 매우 매력적인 4색 배합의 컬러 팔레트를 제공합니다. 마음에 드는 컬러 팔레트를 클릭하면 오른편에 4가지 컬러의 정보가 나타납니다. 컬러 중 HEX 컬러를 표현한 [#ff502f]를 클릭하면 컬러값을 복사합니다. 이것을 망고보드에 바로 적용하면 됩니다.

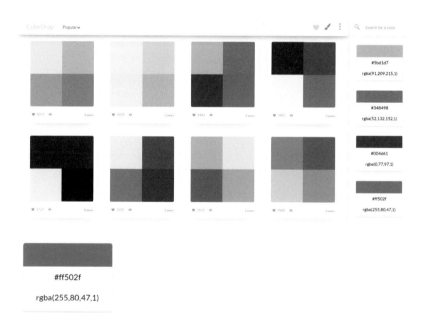

#ff502f

rgba(255,80,47,1)

컬러클레임 www.vanschneider.com/colors

컬러클레임은 색 결정에 어려움을 느끼는 이들에게 120개의 배색카드를 주며 "바로 이거야"하는 답정너의 느낌을 주는 색 추천 사이트입니다. 다음과 같이 배색카드 하단에 배경의 컬러값을 기억하여 망고보드에서 적용하면 됩니다.

드리블 dribbble.com

드리블은 디자이너 작품 중에서 좋은 색 배합을 찾을 수 있는 사이트입니다. 오른쪽의 [Filters]를 클릭하여 원하는 컬러를 선택하면 그 컬러를 주로 사용한 디자인 콘텐츠를 검색합니다. 그중 원하는 디자인을 클릭하면 사용한 컬러 팔레트가 나타납니다. 컬러 팔레트 위에 마우스를 올려보면 해당 컬러값이 나타납니다.

4. 맛있는 디자인 망고보드 **이벤트 홍보물**

눈에 띄는 컬러
적용하기

앞서 컬러드롭에서 추천하는 다음의 컬러배합을 홍보 이미지에 적용하여 보 겠습니다.

템플릿 적용하기

템플릿을 찾아 적용해 보겠습니다.
검색창에서 ❶'빅세일'을 검색한 후, ❷의 [템플릿]을 클릭합니다.
❸과 같이 슬라이드에 템플릿이 바로 적용됩니다.

내용 바꾸기

필요 없는 디자인요소를 지우고, 가장 큰 텍스트를 다음과 같이 내용을 수정
합니다. [텍스트]를 선택하여 ❶폰트를 [공게임즈 이사만루체B]로 바꿉니다.
❷텍스트 크기는 [72], ❸행간은 [1.22]로 맞춥니다.
다른 텍스트는 다음 이미지와 비슷하게 수정합니다.

4. 맛있는 디자인 망고보드 이벤트 홍보물

망고 이미지 추가하기

검색창에 '망고'를 검색하여 다음의 이미지를 추가합니다..

컬러 바꾸기

현재 컬러를 컬러드롭(colordrop.io)의 컬러로 바꿔보겠습니다.

배경 부분을 선택하여 ❶의 [색상 버튼]을 클릭합니다. ❷의 [직접지정]을 클릭한 후, ❸부분에 '#fffbcb'를 입력합니다.

*컬러드롭에서 클릭하여 복사해 놓았다면, [Ctrl + v]를 눌러 붙여넣기 할 수 있습니다.

같은 방법으로 아래 도형의 컬러를 '#ED5485'로 바꿉니다.

4. 맛있는 디자인 망고보드 **이벤트 홍보물**

TIP. 같은 색상 모두 바꾸기

같은 색의 디자인요소가 있다면, 한 번에 모두 바꿀 수 있습니다. 디자인요소를 선택하고, 컬러 팔레트 하단의 ❶[같은 색상 모두 변경]을 체크하고, 두 번째 색을 선택합니다. 같은 색으로 구성된 디자인요소의 컬러를 한 번에 바꿀 수 있어 반복 작업을 줄이는 데 매우 좋은 방법입니다.

*현재 작업 중인 모든 슬라이드에 적용됩니다.

완성하기

다음과 같이 완성되었습니다.

원본

수정본

색은 가장 먼저 독자에게 전달됩니다. 색에는 정보를 담을 수도 있고, 콘셉트를 느끼게 할 수도 있습니다. 그러므로 내용과 콘셉트에 맞는 컬러를 선정하는 것이 디자인의 첫 작업이라고 할 수 있습니다.

[콘텐츠 확인하기]
https://myurl.ai/zTrRS

TIP. 슬라이드 컬러 스타일 한 번에 바꾸기

슬라이드 오른쪽 중간 부분에 스포이트 모양의 아이콘이 있습니다. 바로 [슬라이드 메인 색상 보기 및 편집]입니다.

이 스포이트를 한 번 누르면 현재 슬라이드에 사용된 메인 색상을 찾아줍니다. 한 번 더 클릭하면 다른 색을 선택할 수 있는 색상 팔레트가 나타납니다. 여기에서 다른 색을 선택하면, 전체 색상 스타일을 한 번에 바꿀 수 있습니다.

*경우에 따라 두 개의 색이 나타날 수 있고, 색을 바꿀 수 있는 텍스트, 벡터 이미지, 배경에 적용됩니다.

5

맛있는 디자인
망고보드
유튜브 썸네일
이미지

구독, 좋아요!
유튜브 썸네일 디자인

찰나의 순간, 클릭을 부르는 유튜브 썸네일 이미지

유튜브로 배우고, 유튜브로 소통한다

요즘 초등학생들의 장래희망 5위가 유튜버라고 합니다. 태어나면서 미디어 환경에서 자란 아이들은 미디어를 통해 성장하고, 미디어를 통해 꿈을 꾸는 것이죠.

최근에는 5060세대들도 유튜브에 많이 접속합니다. 다른 미디어보다 쉽게 작동할 수 있고, 볼거리가 많기 때문에 상당 시간을 유튜브를 보는데 사용합니다. 또 주목해 봐야 할 부분은 다양한 분야의 전문가들이 점점 유튜브로 진입해 보다 쉽고, 친숙하게 대중과 만나는 소통의 장을 만들고 있다는 점입니다.

그렇다면 유튜브는 남녀노소, 직업고하를 막론하고 시대의 대세인데 어떻게 하면 될까요? 많은 분들이 유튜브를 하려면 고가의 장비와 어려운 편집 프로그램이 필요하다고 생각하는데, 그렇지 않습니다. 스마트폰으로 찍고, 스마트폰으로 편집하여 유튜브에 업로드하는데도 꽤 높은 조회수를 올리는 유튜버들도 많이 있습니다. 이는 유튜브 구독자들이 화려한 편집기술보다는 콘텐츠의 질과 내용을 중요하게 보는 것으로 해석할 수 있습니다.

하지만, 중요한 건 그 수많은 영상 속에서 내 영상이 클릭되도록 하느냐가 아닐까요? 바로 그 클릭을 하도록 만드는 데 결정적인 역할을 하는 것이 썸네일 이미지입니다. 썸네일 이미지는 영상의 내용과 콘셉트를 소개하며, 구독자들이 클릭을 할까 말까하는 찰나의 순간에 쐐기를 박는 역할을 합니다.
유튜브의 썸네일이 반드시 화려하고 예뻐야 할 필요는 없지만, 한 장의 이미지에 채널의 성격과 내용, 홍보까지 담아내는 중요한 역할을 해야 하는 이유입니다.

이번 장에서는 망고보드를 통해 아주 간단하게 유튜브 썸네일을 만드는 방법을 소개합니다.

최근 유튜브 썸네일 이미지 스타일

최근 업로드되는 유튜브 썸네일 이미지는 크게 다음의 세 가지로 디자인을 구분할 수 있습니다.

영상의 한 장면을 사용한 썸네일 이미지

최근 유튜브 순위 1, 2위를 다투고 있는 J.Fla와 피식대학의 경우 다음과 같이 아무런 설명 없이 노래 부르는 영상의 한 장면을 캡처하여 썸네일 이미지로 씁니다. 더 이상의 설명이 필요 없는 유튜버이기 때문이겠지만, 캡처한 이미지에서도 자신감이 넘쳐납니다.

<출처 : J.Fla 유튜브>

<출처 : 피식대학 Psick Univ 유튜브>

인물의 사진과 제목을 부각시킨 썸네일 이미지

가장 많이 보이는 썸네일 이미지 스타일입니다. 크리에이터를 부각시키며, 제목을 강조하는 스타일로 백종원의 레시피와 세바시(세상을 바꾸는 시간 15분) 등 많은 유튜브에서 볼 수 있습니다. 이 스타일에 필요한 것은 상황에 맞는 크리에이터의 모습과 한눈에 보이는 제목입니다.

밥도둑을 두 개나 만들어버렸
어요;; 간장맛 vs 고추장맛 ...

조회수 36만회 · 1개월 전
자막

열심히 준비한 냉면 프로젝
트! 제주의 '금악 무짠지 냉...

조회수 16만회 · 1개월 전
자막

제품 리뷰는 처음이죠? '냉면'
만들어 먹으며 여러분께 드...

조회수 39만회 · 1개월 전
자막

<출처 : 백종원의 요리비책 Paik's Cuisine 유튜브>

교육을 변화시키는 진짜 주인
공은 누구일까요? | 박현미 ...

조회수 1.2만회 · 2개월 전

대학생활을 모르는 20학번 대
학생이 '나다움'을 찾는 법 | ...

조회수 3.4만회 · 2개월 전

AI시대, 대체 불가능한 인간이
되는 방법 | 이경일 솔트룩스...

조회수 9.9천회 · 2개월 전

<출처 : 세바시(세상을 바꾸는 시간 15분) 유튜브>

제목만으로 꾸민 썸네일 이미지

제목을 한눈에 보이게 꾸며 영상의 내용을 알 수 있게 한 썸네일 스타일입니
다. 간단한 디자인으로 IT 또는 학습관련 유튜브에서 많이 볼 수 있습니다. 눈
에 띄는 폰트를 이용하거나, 텍스트에 배경색을 넣어 제목을 부각시킬 수 있
습니다.

[친절한엄쌤 망고보드강의] 3
분만에 매장홍보물 만들기

[COMING SOON] 답답해 죽느
니 내가 직접 만드는 SNS콘...

[예제]망고보드 동영상만들기

조회수 927회 · 2년 전

출처 : 친절한 엄쌤 유튜브

| 망고보드 모션템플릿 (GIF/MP4/움짤) 활용하기 | (NEW) 망고보드 동영상(홍보/인트로) 만들기 | [망고보드 튜토리얼 2021] 동영상 한 편으로 끝내기! |

출처 : 망고보드 유튜브

위의 세 가지 스타일 외에도 눈에 띄기 위해 많은 유튜버들이 썸네일 디자인에 안간힘을 쓰고 있습니다. 중요한 것은 유튜브 썸네일은 수없이 많은 유튜브 중 찰나의 순간, 시청자들이 그 영상을 클릭할 수 있도록 눈에 띄어야 하고, 내용을 미리 알 수 있도록 하는 것이지요.

그러기 위해선 가독성 있는 제목과 눈에 띄는 컬러, 연관성 있는 배경 이미지를 사용해야 합니다.

이번 장에서는 두 번째 스타일, 인물의 사진과 제목을 활용한 유튜브 썸네일 이미지를 만들어 보겠습니다.

최강 실습!
유튜브 썸네일 디자인하기

콘텐츠 기획하기

제목	친절한 엄쌤과 함께하는 10분만에 완성하는 콘텐츠
소제목	- 망고보드 모션 템플릿 -

콘텐츠 제작 기획서	촬영 영상에서 인물의 실루엣을 따서 넣는다. 콘텐츠의 제목이 확실히 부각되도록 눈에 띄는 컬러로 매치 한다.

콘텐츠 디자인 기획서	사이즈	1280*720
	콘셉트	웹툰 스타일로 재미있게 구성, 눈에 띄는 형광계통의 색 사용
	폰트	두께감 있는 고딕 폰트

유튜브 썸네일 이미지 사이즈 정하기

유튜브 썸네일 이미지 사이즈는 1280*720입니다. 하지만 사이즈를 외울 필요는 전혀 없습니다.

망고보드 편집기 오른쪽 상단의 ❶의 현재 크기를 클릭합니다. ❷를 클릭한 후 ❸의 [YouTube 썸네일]을 찾아 선택합니다. ❹의 확인을 클릭합니다.

*망고보드에는 주로 사용하는 다양한 콘텐츠의 크기가 등록되어 있습니다. 바로 선택하여 사용할 수 있어 매우 빠르게 작업을 진행할 수 있습니다.

이미지 배경 지우기

검색창에 '온라인'을 검색하여 ❶의 이미지를 선택합니다.

원래는 강의 화면을 캡처한 후 망고보드에 업로드하면 좋은데, 함께 동일한 이미지로 편집하기 위해 망고보드의 이미지를 사용합니다.

*본인의 영상에서 한 장면을 캡처하여 망고보드에 업로드하세요.

이미지를 선택한 후, ❷의 이미지 에디터를 선택합니다.

왼쪽 상단의 ❸[배경 제거] 버튼을 클릭합니다. 다음과 같이 인물의 배경이 지워졌습니다.

*지우개와 복원을 이용하여 부분을 수정할 수 있습니다.

❹의 [외곽선]을 선택하여 두께를 [10]으로 하여 외곽선을 추가합니다. 다음과 같이 완성한 후, ❺의 [돌아가기]를 클릭합니다.

❻다음 창에서 [저장]을 클릭합니다.

인물사진이 완성되었다면, ❼의 [새슬라이드]를 클릭하여 템플릿을 적용할 슬라이드를 준비합니다.

템플릿 적용하기

[템플릿]-[디자인]에서 ❶[유튜브 썸네일]로 들어가 ❷의 템플릿을 찾아 클릭합니다.

필요 없는 이미지는 지우고, 텍스트를 수정합니다.

이때, 텍스트에 워터마크가 나온다면 폰트를 다음과 같이 바꿔주세요.

제목	친절한 엄쌤과 함께하는	가비아 솔미
	10분만에 완성하는 콘텐츠	호요요
소제목	- 망고보드 모션 템플릿 -	지마켓 산스 B

프로 폰트로 작업된 텍스트는 일반 폰트로 바꾸면 워터마크가 사라집니다.

TIP. 프로 폰트와 일반 폰트 구별하기 (무료계정, 학생계정, 일반계정일 경우)

프로 계정이 아닐 경우 워터마크가 나오는 때가 종종 있습니다. 그럴 경우, 다음과
같이 폰트 앞에 W 표시가 없는 폰트를 선택하면 워터마크가 사라집니다.

프레임에 사진 넣기

앞서 준비한 배경 지운 사진을 프레임에 넣습니다.
❶의 [이미지 조정]을 클릭하여 프레임 안의 이미지 크기를 조절합니다.

5. 맛있는 디자인 망고보드 유튜브 썸네일 이미지

❷의 조절점을 이용하여 크기와 위치를 조절합니다.

크기를 조절하고, ❸의 [체크]를 클릭합니다. 프레임에 사진이 잘 맞춰졌습니다

프레임을 다시 선택하여 ❹[프레임 배경색상]을 선택하여 ❺[테마]의 [파스텔 핑크]를 선택합니다. 프레임의 배경색이 바뀝니다.

 TIP. 프레임 한눈에 알아보기

마우스를 올려보면 다음과 같이 화살표가 나타나면 바로 프레임입니다.
프레임일 경우 사진 또는 동영상을 자유롭게 담을 수 있습니다.

5. 맛있는 디자인 망고보드 **유튜브 썸네일 이미지**

TIP. 프레임 잠그기

프레임에 사진을 넣은 후 그 프레임 위에 다른 이미지를 가지고 오면 계속 프레임에 자동으로 들어갑니다. 이때는 프레임을 잠금 상태를 하면 넣는 것을 막을 수 있습니다.

*잠금 버튼을 눌러도 되고, 단축키 [Ctrl + 2]를 눌러도 됩니다.

배경 바꾸기

아기자기한 배경을 넣기 위해 [배경] 탭의 ❶[패턴]을 클릭합니다.
[투명 패턴]의 ❷모양을 클릭합니다. 배경이 바로 바뀝니다.

투명 패턴의 컬러를 바꾸기 위해 ❸[배경편집]을 클릭합니다. ❹과 같이 배경
색상은 [흰색], 패턴 색상은 [그레이]로 선택합니다.

완성하기

제목 텍스트를 강조하기 위해 흰색 윤곽선을 추가하면, 다음과 같이 완성됩니
다.

템플릿을 사용하면 보다 빨리, 보다 퀄리티 있게 콘텐츠를 완성할 수 있습니다. 하지만, 템플릿을 그대로 사용하면 너무 비슷비슷한 디자인이 난무하게 됩니다. 주제에 맞게 내용과 이미지, 컬러를 바꿔보는 것을 추천합니다.

[콘텐츠 확인하기]
https://myurl.ai/zTrU0

TIP. 이미지 에디터의 다양한 기능

이미지 에디터에는 비트맵 이미지를 편집하는 다양한 기능들이 있습니다. 전문적인 그래픽 프로그램의 기능을 이미지 에디터에서 확인해 보세요.

필터 : 예술적 느낌의 필터를 적용할 수 있음

모자이크 : 부분을 선택하여 모자이크 할 수 있음

지우개 : 브러시를 이용하여 부분을 지울 수 있음

도장툴 : 이미지의 일부를 도장 찍어 넣을 수 있음, [ALT+클릭]으로 복사할 배경을 선택

외곽선 : 배경 제거된 이미지에 외곽선
을 넣음, 색상을 선택하고, 두께를 선택
하여 적용

복구 : 배경 제거를 한 후, 부분을 되살
리고자 할 때 사용

맛있는 디자인 망고보드 프로그램 홍보물

표와 데이터도
문제없이 쏙쏙

망고보드 표 디자인

데이터, 디자인에 담다

포토샵을 써본 사람이라면 누구나 알 것입니다. 텍스트를 입력하고, 정렬하는
것이 포토샵에서는 얼마나 귀찮고, 번거로운 일인지를 말입니다. 포토샵에서
는 텍스트를 추가하면 하나의 레이어가 생성되고 레이어 별로 구성되어 있는
텍스트를 단순히 옆줄, 아랫줄을 맞추기 위해서 막노동에 가까운 단순 작업이

진행됩니다.

만약 8행 5열로 작업했다가 7행 6열로 바꾸게 된다면 그야말로 낭패가 아닐 수 없죠. 텍스트 작업을 했는데 오타가 있거나, 데이터가 틀려 모두 바꾸기라도 해야 한다면, 그것은 정말 운이 없는 경우일 것입니다. 텍스트가 많이 들어간 작업을 디자이너들이 회피하는 데는 다 이런 이유가 있습니다.

하지만 망고보드는 다릅니다.

망고보드의 유익한 표 활용

첫째, 망고보드는 파워포인트와 같은 문서 프로그램과 동일한 방법으로 행과 열을 구성하고, 텍스트를 입력하여 정렬할 수 있습니다.

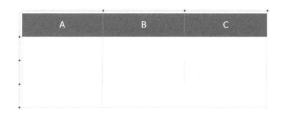

둘째, 망고보드의 표는 다양한 디자인요소와 함께 활용할 수 있습니다. 디자인에 활용하기 좋은 표 예시를 이용하여 다음과 같이 상황에 맞게, 보다 더 쉽게 디자인을 완성할 수 있습니다.

수업 활동지

기관의 체크리스트

교육기간 계획표

온라인쇼핑몰의 사이즈 안내

카페 메뉴판

교육 교재

셋째, 표에 사용하는 데이터를 직접 입력하지 않아도 됩니다. 문서(엑셀)에 작성된 내용을 복사하여 망고보드에 붙여넣기만 해도 바로 완성할 수 있습니다. 망고보드의 표는 행과 열, 병합 등 표에 관한 모든 기능을 제공합니다.

엑셀에 완성되어 있는 도서관 프로그램

망고보드 표

이렇게 쉬울 수가!
프로그램 홍보물 만들기

템플릿 선택하기

먼저 슬라이드의 사이즈를 포스터로 바꿉니다. 슬라이드 크기를 ❶의 포스터
를 선택한 후, ❷확인을 클릭합니다. 다음과 같이 슬라이드의 크기가 바뀌었
습니다.

검색창에 ❸'여름'이라고 키워드를 입력해봅니다. ❹[템플릿] 카테고리로 들어가 ❺의 템플릿을 선택합니다.

슬라이드와 템플릿의 사이즈가 다를 경우, 또는 슬라이드에 다른 디자인요소가 있을 경우 다음과 같은 확인창이 나타납니다. ❻교체하기를 클릭합니다. 다음과 같이 템플릿이 적용되었습니다.

TIP. 사이즈가 다른 템플릿을 활용하는 방법

대부분이 템플릿을 구성된 사이즈 그대로 사용합니다. 그러나 슬라이드 사이즈를 미리 바꿔놓고 다른 사이즈의 템플릿을 선택하면, 다음과 같이 원하는 사이즈로 쉽게 바꿀 수 있습니다.

원본 템플릿

사이즈 변경된 템플릿

템플릿 정돈하기

필요 없는 디자인요소를 지우고, 제목을 다음과 같이 수정합니다.

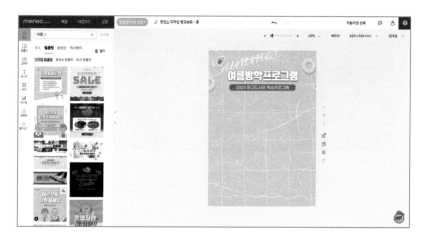

6. 맛있는 디자인 망고보드 **프로그램 홍보물**

TIP. 겹쳐있는 디자인요소 쉽게 선택하기

복잡한 디자인 콘텐츠를 만들 때 여러 디자인요소가 겹치게 됩니다.

이 부분에 마우스를 가지고 간 후 [마우스의 우클릭]을 누르면 다음과 같이 겹쳐있는 요소의 목록이 나옵니다. 이 목록 중 원하는 요소를 클릭하면 바로 쉽게 선택할 수 있습니다.

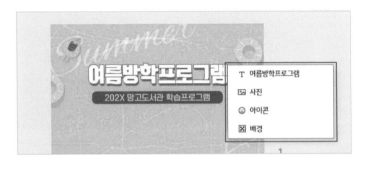

템플릿 배경을 선택하여, ❶의 잠금 기능을 선택하면 고정이 되어 다른 작업을 하기에 편리합니다.

표 추가하기

기능 탭의 ❶[데이터]를 선택 후 ❷[표]를 클릭합니다. ❸의 표 스타일을 선택합니다. 슬라이드에 다음과 같이 표가 추가되었습니다.

슬라이드의 표를 클릭하면, 왼쪽에 표에 관한 옵션이 나타납니다. 옵션 중 ❶행을 [9], 열을 [4]로 바꿉니다. ❷헤더의 색상을 [사용한 컬러] 팔레트의 ❸의 컬러를 선택합니다. ❹헤더 텍스트의 색상도 잘 보이는 컬러로 바꿉니다.

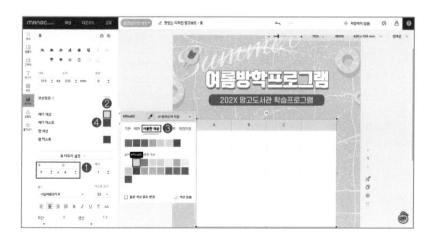

6. 맛있는 디자인 망고보드 **프로그램 홍보물**

데이터 입력하기

표에 들어갈 내용은 각 셀에 직접 입력할 수 있습니다. 하지만, 이미 문서(엑셀)에 작성된 데이터는 그대로 [복사(Ctrl+c)], [붙여넣기(Ctrl+v)]가 가능합니다. 이렇게 하면 시간도 줄고, 오타와 누락을 방지할 수 있습니다. 또 데이터 변경 시에도 쉽게 바꿀 수 있습니다. 이번 예시에서는 미리 준비한 데이터를 복사하여 붙여 넣어 보겠습니다.

다음의 링크를 주소창에 입력하여 다음의 구글 스프레드시트를 열어봅니다.

https://abit.ly/nywl7w

다음의 부분을 드래그하여 선택한 후, 복사(Ctrl+c)합니다.

도서관	행사명	대상	접수기간
사랑	10월 문화가 있는 날	지역주민 누구나	7.15(수) ~ 7.30(목)
평화	그림책으로 여는 인문학	지역주민 누구나	7.15(수) ~ 7.30(목)
개나리	아이와 함께 읽는 그림책	지역주민 누구나	7.15(수) ~ 7.30(목)
진달래	책만 보는 바보	지역주민 누구나	7.15(수) ~ 7.30(목)
백합	팝업북 만들기	초등 1~3학년	7.15(수) ~ 7.30(목)
장미	세상을 바꾼 과학자들	지역주민 누구나	7.15(수) ~ 7.30(목)
튤립	지구를 지키는 어린이	초등 3~4학년	7.15(수) ~ 7.30(목)
안개꽃	놀이과 과학	초등 1~3학년	7.15(수) ~ 7.30(목)

*테두리 있는 부분만 선택하여 복사하세요.

망고보드 창으로 돌아가 ❶부분에 커서를 두고 붙여넣기(Ctrl + V)를 합니다. 다음과 같이 내용이 채워집니다.

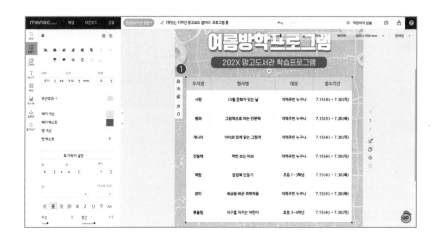

표 정돈하기

망고보드의 표는 표를 구성하고 있는 텍스트의 폰트, 크기, 정렬, 맞춤, 모든 것을 바꿀 수 있습니다.

마우스로 표를 더블클릭하고, 선 위에 마우스를 올리면, ❶의 셀을 조절하는 커서가 나타납니다. 마우스로 셀의 간격을 조절합니다.

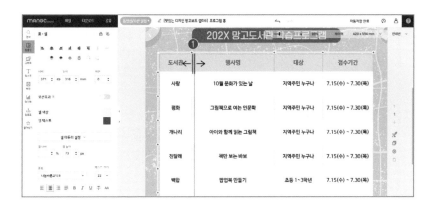

❷셀 텍스트의 컬러를 [블루]컬러로 바꾸고, ❸폰트는 [나눔바른고딕 B]로, ❹ 크기를 [28]로 바꿉니다.

6. 맛있는 디자인 망고보드 **프로그램 홍보물**

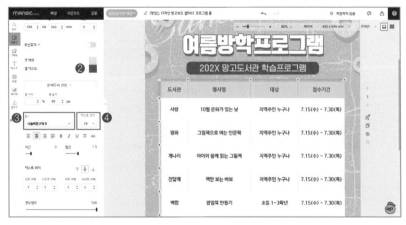

다른 텍스트도 정돈하고, 하단에 도서관명(기관명)을 입력합니다.

TIP. 표 편집하기

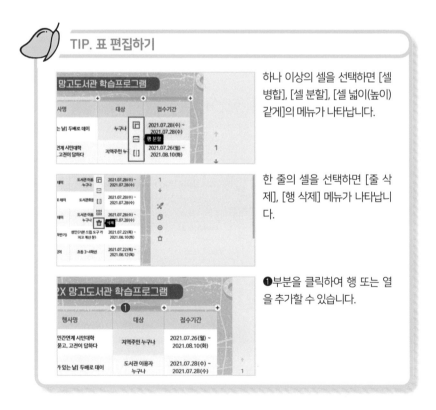

하나 이상의 셀을 선택하면 [셀 병합], [셀 분할], [셀 넓이(높이) 같게]의 메뉴가 나타납니다.

한 줄의 셀을 선택하면 [줄 삭제], [행 삭제] 메뉴가 나타납니다.

❶부분을 클릭하여 행 또는 열을 추가할 수 있습니다.

완성하기

다음과 같은 도서관 프로그램 홍보물이 쉽게 완성되었습니다.

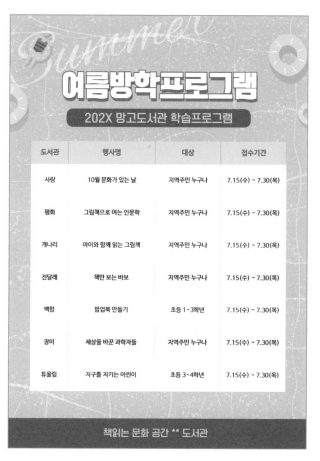

[콘텐츠 확인하기]
https://myurl.ai/zTskx

6. 맛있는 디자인 망고보드 **프로그램 홍보물**

7

맛있는 디자인
망고보드
인포그래픽

인포그래픽의
놀라운 전달력

정보를 가장 쉽고, 빠르고, 정확하게 알려주는 디자인 콘텐츠

<출처 : 기상청>

인포그래픽이란?

우리가 매일 아침 접하는 날씨 정보에 대해 생각해보세요. 오늘의 날씨를 알
려주기 위해 해가 뜨면 해의 이미지를, 구름이 끼면 구름의 이미지를 넣는 것

만으로 설명이 가능합니다. 이 날씨 정보를 텍스트로 전달하려면 어떨까요? 구구절절 장문이 될 것입니다. 해와 구름의 이미지가 텍스트보다 빠르게 전달되는 것은 누구나 공감할 것입니다.

인포그래픽은 짧은 시간에 빠르고 정확한 정보를 전달하고, 더 쉽게 이해할 수 있도록 만든 콘텐츠입니다. 내용을 함축하고, 빠르게 전달하기 위한 인포그래픽에는 위와 같이 단순화된 이미지, 그래프, 의미를 전달하는 컬러가 사용됩니다. 다양한 시각적 요소를 활용하여 정보를 표현하는 것이죠.

인류 역사에 문자가 생기기 이전, 벽에 그림을 그려 기록했던 라스코 동굴 벽화를 인포그래픽의 가장 시초라고 볼 수 있습니다.
하지만, 인포그래픽 역사상 가장 주목할 만한 것은 나이팅게일의 '폴라그래프'라 할 수 있습니다. 나이팅게일은 크림전쟁 당시 전쟁터에서 죽는 병사의 대부분이 비위생적인 환경 때문이라는 것을 깨닫고, 이를 빅토리아 여왕에게 설득하기 위해 데이터를 수집하고, 그래프를 개발했습니다. 그림에서 회색 부분은 '전염병'으로 인한 사상자를 표시하고, 빨간 부분은 '전투'로 인한 사망자, 그리고 검은색은 기타 사망자를 표시했습니다. 나이팅게일의 그래프는 누가 봐도 전염병을 예방하기 위한 위생 대책의 필요성을 깨닫게 했습니다.
현재의 상황을 개선하기 위해 데이터를 활용한 대표적인 인포그래픽 사례입니다.

라스코 동굴 벽화
<출처 : 위키피디아>

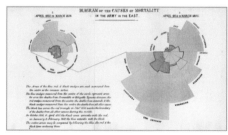

나이팅게일의 그래프
<출처 : 위키피디아>

인포그래픽은 데이터 수집을 시작으로, 수집된 데이터의 선별, 배치와 같은

7. 맛있는 디자인 망고보드 **인포그래픽**

선행 작업이 필요하고, 그 이후에 데이터의 시각화 작업에 들어갑니다.

선행 작업에서 우리는 데이터로서 가치가 있는 정보를 선별해야 합니다. 이 과정에서 데이터를 왜곡하거나, 훼손하면 안 됩니다. 아무리 예쁘고 멋지게 잘 만들었어도 데이터가 정확하지 않은 디자인은 쓸모가 없습니다.

정부기관의 인포그래픽 사례

기획재정부에서는 2019년 예산안을 발표하였습니다. 제목은 '국회에서 확정된 2019년 예산'이 주요 내용입니다.

보도자료 <출처 : 기획재정부>

인포그래픽 <출처 : 기획재정부>

왼쪽의 보도자료는 정확한 수치와 자세한 자료를 제공합니다. 하지만 쉽게 이해하기 어려울 뿐만 아니라 업무 관계자 외에는 보고 싶지 않을 것입니다. 같은 내용을 오른쪽과 같이 원그래프로 만들고, 친근한 컬러를 적용했습니다. 항목에 대한 이해를 돕기 위해 아이콘을 추가하고, 강조할 부분은 크기와 컬러로 눈에 띄게 강조했습니다. 이 인포그래픽을 본 사람은 누구나(일반인이라도) 2019년 보건·복지·노동 분야에 162조 원의 예산이 투입된다는 것을 확실하게 알 수 있을 것입니다.

기획재정부의 인포그래픽 사례를 통해, 인포그래픽을 만드는 것은 생각보다 어렵지 않고, 정보에 대해 잘 알고 있는 담당자도 쉽게 만들 수 있다는 것을 확인할 수 있습니다.

망고보드 차트로 만든 인포그래픽 제작 사례

망고보드에는 가로막대 / 세로막대 / 선 / 영역 / 방사형 / 혼합 / 원 / 게이지 / 트리맵 / 워드클라우드 총 10가지의 차트가 있습니다. 이러한 차트에 다른 디자인요소를 결합하여 다음과 같이 다양한 인포그래픽을 만들 수 있습니다.

  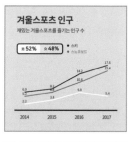

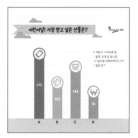 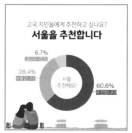 

http://www.mangoboard.net/publish/831875

7. 맛있는 디자인 망고보드 **인포그래픽**

도전! 인포그래픽
제작 준비하기

전 세계적으로 저출산, 고령화가 가속화되면서 그에 따른 문제점이 나타나고, 그에 대한 대비에 많은 정책과 예산을 투자하고 있습니다. 인구감소의 중요한 지표인 신생아 출산율은 매년 낮아지고 있습니다. 신생아 출산율에 대한 데이터를 통계청에서 찾아보고, 우리나라 신생아 출산율에 대해 성별과 지역별로 구별하여 인포그래픽을 제작해 보겠습니다.

이러한 공공데이터는 KOSIS(국가통계포털)에서 찾을 수 있습니다.

<출처 : KOSIS(국가통계포털)>

데이터 정리하기

성별 출생아수 (2015~2019년)

남아

2015년	224,906명
2016년	208,064명
2017년	184,308명
2018년	167,686명
2019년	155,416명

여아

2015년	213,514명
2016년	198,179명
2017년	173,463명
2018년	159,136명
2019년	147,260명

<출처 : 통계청>

2019년 시도별 출생아수

순위	시도	신생아수
1위	경기도	5861명
2위	서울특별시	3670명
3위	경상남도	1336명
4위	인천광역시	1299명
5위	부산광역시	1240명

<출처 : 통계청, 상위 5개 시도만 정리함>

인포그래픽 설계하기

1. 성별 출생아수	가로 막대그래프로 연도별 그래프를 만들고, 왼쪽은 남아, 오른쪽은 여아로 표현한다.
2. 시도별 출생아수	지도를 배경으로 1위에서 5위까지의 지역을 표시한다.

성공하는
인포그래픽 만들기

인포그래픽 크기 설정하기

프레젠테이션 사이즈로 설정합니다. ❶의 슬라이드 크기 클릭 후, 목록 중 ❷
[프레젠테이션 4:3]을 선택하고, ❸의 [확인]을 클릭합니다.

차트 선택하기

❶의 [데이터]를 클릭 후, [차트]의 ❷[가로막대]를 클릭합니다. ❸의 막대그래
프를 클릭합니다.

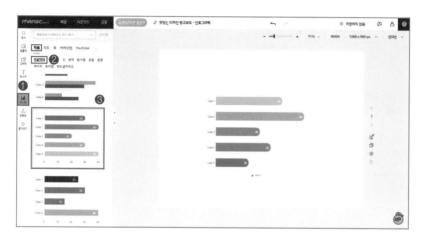

차트 데이터 입력하기

❶의 [막대그래프]를 더블클릭하면, ❷의 데이터 입력창이 나타납니다.
각 셀을 더블클릭하여 여아의 데이터를 입력합니다.

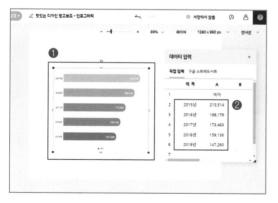

여아

2015년	213,514명
2016년	198,179명
2017년	173,463명
2018년	159,136명
2019년	147,260명

그래프를 복사하여, 앞의 그래프에 남아의 데이터를 입력합니다.

7. 맛있는 디자인 망고보드 **인포그래픽**

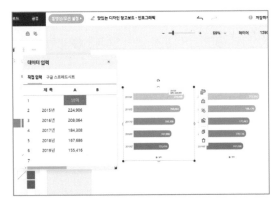

남아

2015년	224,906명
2016년	208,064명
2017년	184,308명
2018년	167,686명
2019년	155,416명

차트 수정하기

첫 번째 그래프를 선택하면 왼쪽에 그래프의 옵션 창이 나타납니다.
❶텍스트 색상 중 ❷[축]의 색상 버튼을 클릭하여, ❸[색상 없음]을 선택합니다. 중복되는 축을 안보이게 하는 방법입니다.
❹[숫자 측 반전]을 체크합니다. 그러면 다음과 같이 차트의 방향이 바뀝니다

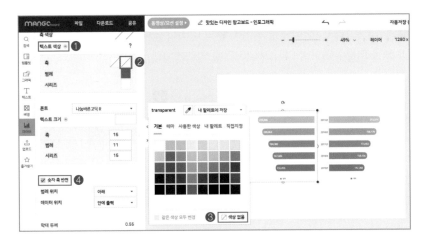

다음과 같이 그래프가 완성되었습니다.
텍스트의 크기와 색상 등의 세세한 부분은 다른 요소를 완성한 후 수정할 수 있습니다.

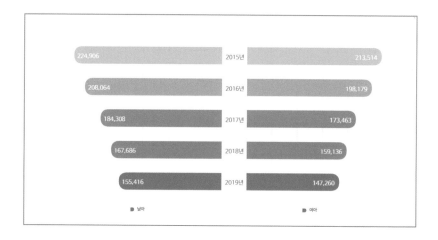

지도 추가하기

새 슬라이드를 추가한 후 ❶[데이터]를 클릭 후 ❷의 [지도], ❸의 [대한민국]을 클릭합니다. ❹의 지도를 클릭하면, 슬라이드에 지도가 추가됩니다.

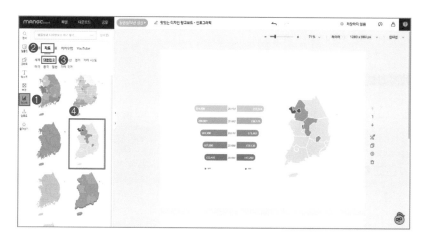

7. 맛있는 디자인 망고보드 **인포그래픽**

지도 데이터 수정하기

지도를 클릭 후, 왼쪽 옵션 창의 ❶의 [지도 색상]을 선택하여, [컬러 팔레트]에서 ❷의 회색을 클릭합니다. 지도의 색이 모두 같은 회색으로 바뀌었습니다.

 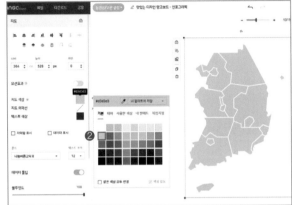

❸의 [개별 지도 색상]을 클릭 후, 원하는 지역을 찾아 ❹의 [색상] 버튼을 클릭하여, [컬러 팔레트]에서 스포이트를 선택하여 그래프의 ❺컬러를 클릭하여 지도의 지역 컬러를 바꿉니다.

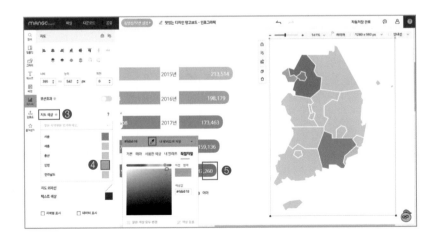

스포이트를 활용하지 않고, 다음의 컬러값을 직접 입력해도 똑같은 결과물을
얻을 수 있습니다.

순위	시도	신생아수	컬러	컬러값
1위	경기도	5861명		#f26a6e
2위	서울특별시	3670명		#ff8152
3위	경상남도	1336명		#f49515
4위	인천광역시	1299명		#fdb618
5위	부산광역시	1240명		#fdb619

지시선 추가하기

❶[그래픽] 탭의 ❷[선]에서 ❸의 선을 추가합니다.

❹의 양끝 조절점을 마우스로 잡아 움직이면 방향과 길이를 조절할 수 있습니
다. ❺의 가운데 조절점을 움직이면 꺾어진 지시선을 만들 수 있습니다.

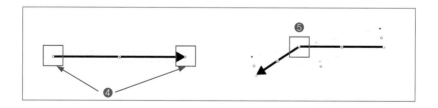

TIP. 곡선을 표현하고 싶다면

첫 번째, 선 요소 중 ❶의 곡선을 사용하면 됩니다. 슬라이드에서 곡선은 다음과 같이 다르게 보입니다. ❸, ❹부분을 마우스로 움직여 곡선 형태를 완성할 수 있습니다

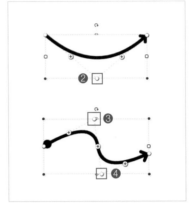

두 번째, 선을 추가한 후, ❶의 직선과 곡선을 선택하여 곡선으로 바꿀 수 있습니다.

지시선 수정하기

선을 선택하여 옵션을 수정합니다. ❶의 선두께는 [2], 선모양의 머리는 ❷[사용]을 체크하고, ❸의 모양을 선택합니다. 다음과 같이 지시선이 완성됩니다.

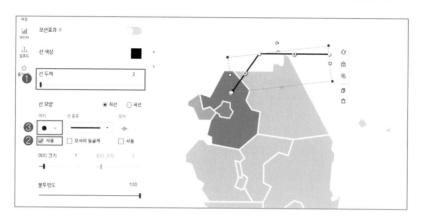

표시 만들기

도형과 텍스트를 합쳐서 다음의 표시를 만듭니다.

사각형에 모서리값을 넣고, 테두리 색상을 추가합니다. 텍스트는 지명은 [왼쪽 정렬], 출생아수는 [오른쪽 정렬]을 합니다. 폰트와 크기를 살짝 바꿔 배치합니다. 합쳐진 도형은 모두 선택하여 그룹으로 만듭니다.

지도 완성하기

위의 지도와 지시선, 표시를 모아 다음과 같이 지도를 완성합니다.

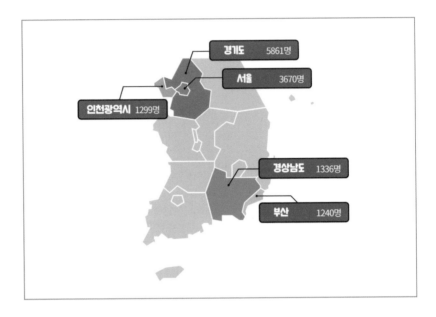

제목 만들기

검색창에 ❶'제목'을 검색한 후, ❷의 [텍스트] 카테고리로 들어갑니다. ❸의
텍스트를 추가합니다.

내용	폰트	사이즈
#신생아 #출생률	나눔바른고딕 R	25
아기 울음소리가 줄고 있어요.	고양	48
성별, 지역별 출생아수	호요요	64

배경 만들기

슬라이드의 배경을 ❶다음의 색으로 선택합니다.

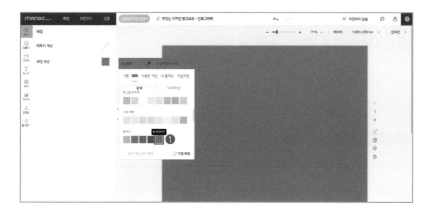

검색창에 ❶'구름'과 '하늘'을 검색합니다. ❷아이콘으로 들어가 ❸의 구름 이미지를 선택합니다.

*검색 키워드를 여러 개 넣어 검색을 더 잘 할 수 있습니다.

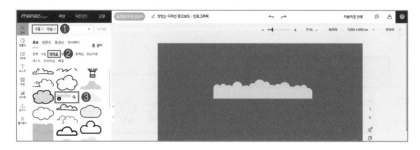

구름을 복사하고, [그래픽] 탭의 [도형] 중 사각형을 추가한 후, 크기와 색을 조절하여 다음과 같은 배경을 만듭니다.

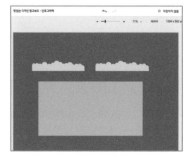 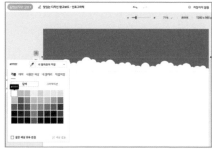

배경 부분을 마우스로 클릭합니다. 테두리 색상을 ❸[검정]으로 선택하고, 테두리의 두께를 ❹[10]으로 선택합니다. 다음과 같이 완성됩니다.

배경 이미지를 모두 선택하여 [잠금]을 해두면, 위에 다른 이미지를 올릴 때 번거롭
지 않게 됩니다.

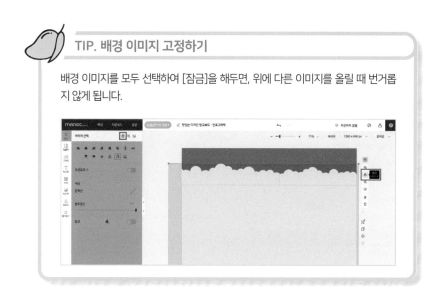

구성요소 합치기

앞서 완성한 디자인 재료를 배경이 완성된 슬라이드에 모아 위치와 크기를 정
하고, 컬러를 정돈합니다.

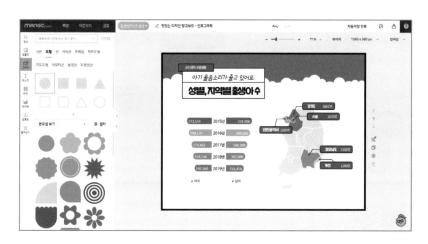

검색창에 '아기'를 검색하여 다음의 이미지를 슬라이드에 추가합니다.

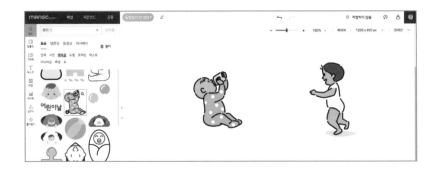

인포그래픽 완성하기

다음과 같이 그래프와 지도를 활용한 인포그래픽이 완성되었습니다.

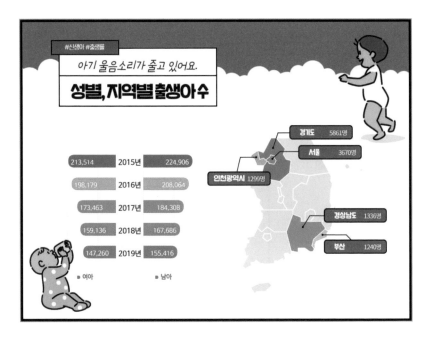

[콘텐츠 확인하기]
https://myurl.ai/zTuEH

8

맛있는 디자인
망고보드
현수막

내 손으로 만드는
출력물 디자인

필요한 홍보물을 그때그때 내 맘대로

홍보는 타이밍?

빠르게 바뀌는 트렌드를 따라잡기 위해서는 발 빠른 시도와 도전이 필요하지요. 홍보는 타이밍이기 때문입니다. 한때 시청률 21%를 넘겼던 드라마 '사랑의 불시착'을 기억해 볼까요? 리정혁 대위가 윤세리를 데리고 대동강맥주를 마시는 장면이 나옵니다. "북한에서도 이렇게 맥주를 마시는구나." 드라마 시청자들의 관심도 대동강맥주에 집중되었지요.

이럴 때, 다음날 우리 가게 앞에 이런 배너를 세워둔다면 어떨까요? '대동강맥주는 못 마시더라도, 이집 맥주 한번 마셔볼까?' 마음이 끌리지 않을까요?

<출처 : tvN 사랑의 불시착>

많은 분들이 공감하실 거예요. 하지만, 오프라인 홍보물은 디자인 작업에 출력 과정이 더해지기 때문에 좀 더 어렵게 느껴집니다. 그래서 망고보드에는 이러한 오프라인 홍보물을 직접 만들 수 있는 다양한 방법이 있습니다.

오프라인 홍보물의 종류

망고보드에는 현수막, 배너, 브로슈어, 명함 등 오프라인에서 필요로 하는 홍보물들의 디자인 템플릿이 있어 모두 쉽게 만들 수 있습니다.

망고보드 현수막 템플릿

망고보드 메뉴판 템플릿

망고보드 네임카드(명함) 템플릿

망고보드 세로배너 템플릿

망고보드 미니배너 템플릿

8. 맛있는 디자인 망고보드 **현수막**

망고보드 3단, 2단 리플렛 템플릿

오프라인 홍보물 제작 체크포인트

1 단위는
mm단위로 제작

2 저장은
PDF로 저장

3 사이즈가 클 경우 1/10 줄여서 작업하므로
저장 시 10배 확대함

*오프라인 홍보물을 직접 디자인할 경우 홍보비용은 줄이고, 횟수는 늘릴 수 있습니다.

한 번만 해보면 본전 뽑는 현수막 디자인하기

콘텐츠 기획하기

내용	글로벌 인재를 위한 리더십 양성교육, 세계로 나가는 인재양성 프로젝트
일시	2021년 9월 30일 오후2시
장소	서울 망고인재연수원

사이즈	가로 5미터 * 세로 0.9미터
색상 콘셉트	진취적인 느낌의 푸른 계열 색상

템플릿 적용하기

[템플릿]-[디자인]-[현수막]을 클릭하여 ❶의 템플릿을 선택합니다.

필요 없는 디자인요소를 지우고 다음과 같이 내용을 수정합니다.

디자인요소 추가하기

❶[검색창]에서 '세계'를 검색하여 [요소]의 [아이콘]으로 들어가 ❷의 이미지를 추가합니다.

텍스트 위에 놓여있는 지구 이미지를 뒤로 보내기 위해 이미지를 선택하고, ❸의 [가장 아래로]를 클릭합니다.

슬라이드 메인 색상 변경하기

❶의 스포이트를 클릭하면 이 슬라이드에서 사용한 주색(메인 색상)을 찾아냅니다. ❷와 같이 두 개의 색상이 나타납니다. *경우에 따라 색상이 하나만 나타날 때도 있습니다.

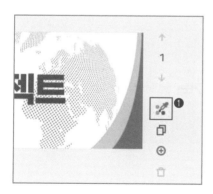

❸색 버튼을 클릭하여 푸른색으로 지정합니다. 다음과 같이 전체의 색이 바뀝니다. 모두 원하는 색상으로 바뀌지 않는 경우도 있으니, 전체의 색 콘셉트를 정하고, 부분 컬러는 따로 바꿔주는 것이 좋습니다.

*색을 조절하다 보면, 두 개의 색이 하나로 바뀌기도 합니다.

8. 맛있는 디자인 망고보드 **현수막**

완성하기

다음과 같이 완성되었습니다. 현수막 템플릿을 이용하여 정말 빠르게 디자인할 수 있습니다.

인쇄파일 다운로드하기

상단의 ❶[다운로드]를 클릭합니다. ❷[PDF인쇄물]을 선택합니다.
PDF 인쇄물 옵션에서 ❸[10배]를 선택합니다. 작업을 1/10로 줄여서 작업했으므로 다운로드에서 10배로 확대하는 것입니다. ❹[다운로드]를 클릭하여저장합니다.

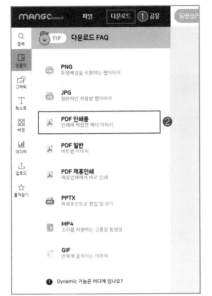
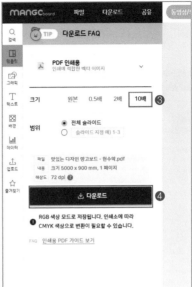

TIP. 망고보드 PDF 색상모드와 해상도

망고보드의 인쇄파일은 RGB, 해상도는 72dpi로 저장됩니다.
색상모드를 CMYK로 변환해야 할 경우, 아크로뱃, 일러스트, 인디자인 등의 프로그램에서 변환할 수 있고, 다음 웹사이트에서 무료로 변환할 수 있습니다.
무료변환 사이트 https://pdf-editor-free.com/pdf-to-cmyk/

*RGB에서 CMYK로 변환할 경우 색상 톤이 조금 달라집니다. 인쇄소에 보내기 전에 미리 변환해서 인쇄물의 색을 확인해 보는 것을 추천합니다.

8. 맛있는 디자인 망고보드 **현수막**

제휴 인쇄소 이용하기

❶[다운로드]의 ❷[PDF 제휴인쇄]를 클릭한 후, ❸[다음 단계]를 클릭합니다.

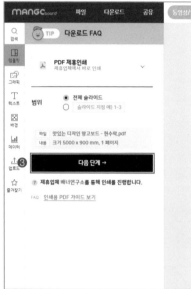

❹의 [배너연구소 회원가입]을 클릭하면, 망고보드와 제휴를 맺고 있는 배너연구소로 연결됩니다.

배너연구소는 망고보드의 파일을 주로 담당하기 때문에 인쇄사고를 줄일 수 있고, 가격이 저렴하면서도 인쇄품질이 매우 좋습니다.

 TIP. 망고보드 인쇄물 디자인 시 유의 사항

망고보드 디자인은 웹에서 HTML로 완성됩니다. PDF로 저장할 경우 요소별 크기 계산 등의 차이로 망고보드에서 보이는 것과 약간씩 다르게 저장될 수 있습니다. 인쇄용 PDF 가이드의 자세한 내용은 다음의 QR코드를 이용하여 확인해 보세요.

현수막 완성하기 PDF 파일

다음과 같이 현수막 파일이 PDF파일로 다운로드되었습니다. 인쇄업체에 파일을 보내면 바로 출력할 수 있습니다.

 [콘텐츠 확인하기]
https://myurl.ai/zSXco

맛있는 디자인 망고보드 동영상 콘텐츠

누구나 쉽게 만드는
고퀄 동영상 콘텐츠

망고보드 동영상 콘텐츠

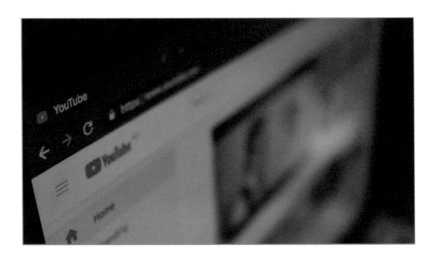

우리는 유튜브, SNS 공간에서 다양한 홍보 콘텐츠를 접합니다. 그중에서도 동영상은 정적인 이미지 콘텐츠와 달리 생생한 정보를 전달하는 장점이 있는데요. 이를 제작하려면 스토리텔링 기획 능력과 애니메이션 효과 그리고, 적절한 동영상/음악 선정이 필요하기 때문에 작업이 매우 까다롭습니다. 그러나 망고보드의 템플릿을 이용하면 이 조건들을 쉽게 해결하고, 어려운 프로그램 없이도 퀄리티 있는 홍보물을 만들 수 있습니다.

망고보드에서 제공하는 다양한 형태의 템플릿

망고보드에서 제공하는 동영상 템플릿의 크기는 다음과 같습니다.

16:9 와이드형(유튜브/웹)_1920x1080

와이드형은 동영상 중에 가장 일반적인 형태로 유튜브/웹 또는 TV/컴퓨터/스마트폰(가로)과 같은 디스플레이 환경에서 꽉 찬 화면으로 볼 수 있습니다.

1:1 정사각형(페이스북/인스타그램/웹)_800x800

카드뉴스와 동일한 비율이며, 페이스북/인스타그램에서 가장 선호되는 형태입니다.

9:16 세로형(유튜브/인스타그램)_1080x1920

틱톡, 유튜브 쇼츠, 페이스북&인스타그램 스토리에서 짧게 시청할 수 있는 9:16 동영상 콘텐츠가 많이 늘어나고 있습니다. 망고보드에서도 이에 맞는 콘텐츠 작업들이 가능합니다.

망고보드에서 제작할 수 있는 콘텐츠

망고보드에서 제작할 수 있는 동영상 콘텐츠는 다음과 같습니다.

1. 홍보용 동영상(상품/서비스)

2. 유튜브 콘텐츠(인트로&아웃트로/브이로그)

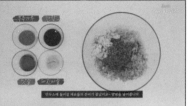

3. 인스타그램 스토리 홍보 콘텐츠(상품/서비스/안내)

4. 사이니지 메뉴판(ex. 카페 사이니지)

카페와 같이 디스플레이 화면을 통해 메뉴판을 보여주는 곳이 늘어나고 있습니다. 망고보드에서도 사이니지(signage) 메뉴판 영상 작업이 가능합니다.

9. 맛있는 디자인 망고보드 **동영상 콘텐츠**

5. 사내 동영상(행사/공지/소개)

대표적인 동영상 템플릿 스타일

망고보드에서 제공하는 템플릿 스타일은 다음과 같습니다.

영상 스타일

영상 스타일 템플릿은 동영상 소스의 비중이 가장 높고, 구성이 단순해 편집이 쉬운 장점이 있습니다. 특히 시청자에게 우리가 준비한 동영상 소스를 조금 더 집중해서 보여줄 때 활용하기 좋습니다.

일러스트 스타일

동영상이 없어도 동영상 콘텐츠를 제작할 수 있습니다.
바로 일러스트 느낌의 소스가 비중을 크게 차지한 템플릿으로 말이죠. 망고보드에서 제공하는 다양한 일러스트 요소들을 이용하여 재미있는 콘텐츠 제작이 가능합니다.

텍스트 스타일

텍스트의 비중이 높은 템플릿으로 음악에 따라 리듬감을 다양하게 줄 수 있습니다. 예를 들어 빠른 음악을 적용할 경우, 시청자에게 지루함 없이 정보를 빠르게 전달할 수 있습니다.

망고보드 동영상 제작 순서

망고보드의 동영상 제작 순서는 다음과 같이 4단계로 진행합니다.

1 템플릿 슬라이드 편집

2 동영상/모션 에디터 이동

3 모션효과/시간/음악 적용하기

4 MP4 파일 다운로드

1. 여러 장으로 구성된 동영상 템플릿의 슬라이드를 편집합니다.
2. 에디터의 [동영상/모션 설정] 편집창으로 들어갑니다.
3. 완성된 슬라이드마다 자동 모션효과/배경음악/시간/효과음을 적용합니다.
4. [다운로드]를 클릭하여 MP4 파일로 저장합니다.

망고보드
동영상/모션 설정 에디터

[동영상/모션 설정] 에디터 들어가기

동영상 템플릿의 슬라이드에는 애니메이션 효과, 시간 등이 모두 적용되어 있어 그대로 작업을 마무리할 수 있습니다. 그러나 이용자가 새로운 효과, 시간을 조정하고 싶다면, 상단의 ❶[동영상/모션 설정] 버튼을 눌러 새로운 에디터 환경으로 들어갑니다.

디자인 에디터 화면 동영상 에디터 화면

[동영상/모션 설정] 에디터 파악하기

완성된 화면에 다양한 효과를 적용하는 건 전문가들도 쉽게 작업할 수 없는 세밀한 작업입니다. 그러나 망고보드에서는 제공되어 있는 다양한 소스들로 손쉽게 진행할 수 있습니다.

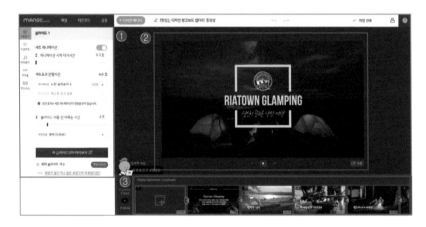

❶ 메뉴 탭 – 슬라이드에 배치된 요소에 애니메이션 효과를 적용할 수 있고 배경음악, 효과음, 영상소스를 편집할 수 있습니다.
❷ 화면 탭 – 메뉴 탭에서 편집한 내용은 화면 탭에서 확인할 수 있습니다.
❸ 슬라이드 탭 – 슬라이드 탭은 원하는 슬라이드를 선택하거나 메뉴 탭에 설정한 내용들을 아이콘 형태로 확인할 수 있습니다.

동영상 에디터의 세트효과

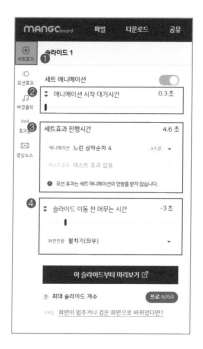

메뉴 탭의 ❶[세트효과]에서는 선택한 슬라이드의 시간 흐름을 확인할 수 있습니다. 시간은 위에서 아래로 흘러가는데요.

동영상이 시작될 때 ❷[애니메이션 시작 대기시간]이 지나면 요소에 적용된 애니메이션 ❸[세트효과 진행시간]이 나타납니다. 그리고 다시 ❹[슬라이드 이동 전 머무는 시간]이 지나야 다음 슬라이드로 전환됩니다.

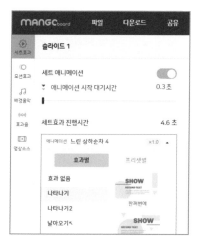

효과별 애니메이션

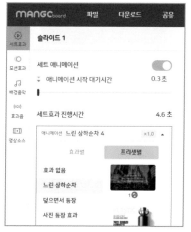

프리셋별 애니메이션

효과별은 한 가지 애니메이션 효과를 슬라이드 전체에 적용하는 효과이고, 프리셋별은 여러 애니메이션 효과를 합쳐 놓은 효과입니다. 세트효과는 슬라이드에 구성된 모든 요소에 적용됩니다.

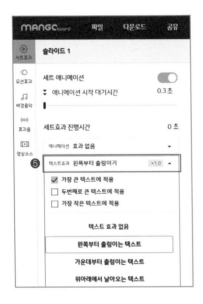

❺의 [텍스트효과]는 강조하고 싶은 텍스트를 추가로 적용하는 애니메이션입니다.

*동영상을 더 멋지게 표현하기 위해 애니메이션 효과와 텍스트효과를 다양하게 적용해보시기 바랍니다.

TIP. 미리보기를 자주 해야 하는 이유

애니메이션 효과를 수정하면 애니메이션 이 나타나는 타이밍과 슬라이드 재생시간에도 변화가 생깁니다.
❶의 [이 슬라이드부터 미리보기]를 자주 눌러 영상을 확인해보시기 바랍니다.

동영상 에디터의 모션효과

모션효과 적용하기

❶[모션효과] 스위치를 켭니다. ❷의 [모션적용 대상추가]를 클릭합니다.
❸슬라이드에 있는 디자인요소들이 나타나면, 그 중 하나를 선택합니다.

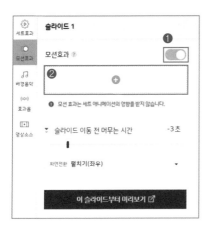 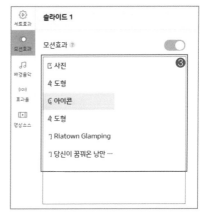

선택한 요소에 ❹[다이나믹강조] 중 하나를 선택합니다. ❺다음과 같이 모션
효과가 적용되었습니다.

 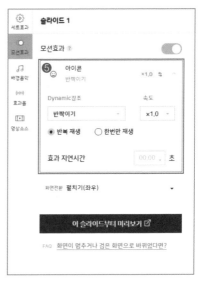

9. 맛있는 디자인 망고보드 동영상 콘텐츠

*애니메이션을 보여줘도 더 강조하고 싶은 요소가 생길 수 있을 겁니다. 예를 들어 쇼핑몰 쿠폰 이벤트에서 할인율 숫자처럼 말이죠. 그럴 땐 [모션효과]를 추가해보시기 바랍니다. 세트효과와 함께 혼합하여 더 재미있는 연출이 가능합니다.

TIP. 모션효과를 잘 사용하는 방법

모션효과에는 튀는 효과가 많습니다. 너무 많은 효과를 적용하면 오히려 역효과가 나기도 합니다. 모션효과를 잘 주기 위해서는 다음의 세 가지를 생각하세요.

1. 너무 많은 모션효과는 금물, 꼭 필요한 요소에 적용해주세요.
2. 너무 과한 모션효과도 금물, 과한 효과는 역효과를 줄 수 있습니다.
3. 효과 적용 후, 꼭 미리보기 하여 효과를 확인해 주세요.

동영상 에디터의 배경음악

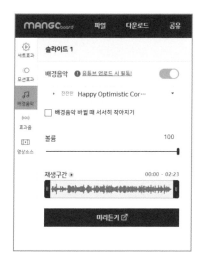

동영상 콘텐츠를 보려면 귀 또한 지루함이 없어야 합니다. 망고보드의 배경음악 메뉴는 콘텐츠에 어울리는 다양한 음악이 있습니다. 음악은 잔잔한, 쾌활한, 긴장감으로 나뉘어져 있고, 미리듣기를 이용하여 음악을 듣고 선택할 수 있습니다. 또 슬라이드마다 음악을 다르게 지정하여 콘텐츠 분위기를 전환할 수 있습니다.

배경음악의 종류

❶[배경음악]은 잔잔한, 쾌활한, 긴장감으로 나뉘어져 있고, 또 키즈, 재즈, 락, 팝, 클래식 등 다양한 장르로 분류되어 있습니다.

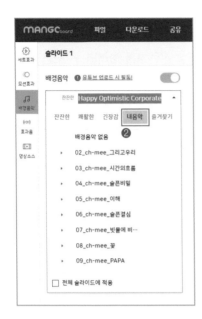

❷[내음악]은 내가 업로드한 음원이 보입니다. 내 음원을 배경음악으로 사용할 수 있습니다.

*단, 프로 계정에서만 업로드가 가능합니다.

 TIP.유튜브 로고 표시 음원이란?

다음과 같이 유튜브 로고가 표시된 음원은 유튜브에 업로드 시 저작권 걱정 없이 사용할 수 있는 음원입니다.

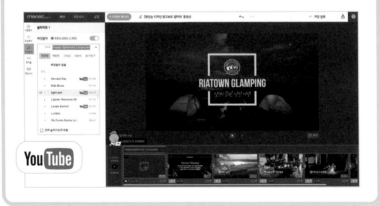

동영상 에디터의 효과음

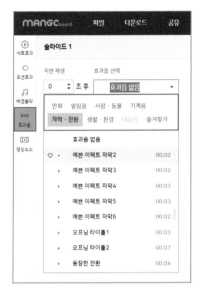

배경음악이 동영상 콘텐츠 전체를 꾸며준다면 효과음은 애니메이션 효과들을 꾸며줍니다.

효과음은 만화, 알림음, 사람·동물, 기계음, 자막·전환, 생활·환경의 다양한 카테고리로 분류되어 있습니다.

가지고 있는 효과음을 업로드하면 [내 음악]에 올라가게 됩니다.

원하는 타이밍에 들리도록 ❶지연 재생 값을 입력합니다. 실시간 재생 버튼으로 효과음이 잘 적용되었는지 확인하는 것이 중요합니다.

효과음 적용하기

효과음 탭을 선택하고, ❶[+]를 클릭합니다. ❷의 [효과음 없음]을 클릭하여 ❸슬라이드에 있는 디자인요소들이 나타나면, 그 중 하나를 선택합니다. ❹ [지연 재생]을 조절하여 애니메이션에 맞게 효과음을 적용할 수 있습니다.

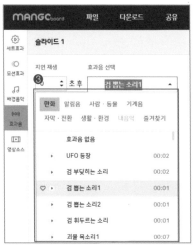
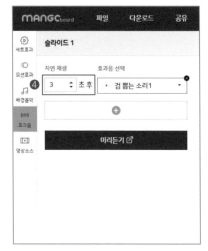

동영상 에디터의 영상소스

슬라이드에 구성된 영상소스를 모두 확인할 수 있는 메뉴입니다.

망고보드의 영상소스를 슬라이드에 넣어 생동감 있는 장면을 연출할 수 있습니다.

*프로 계정일 경우, 내가 찍은 영상을 업로드하여 사용할 수 있습니다.

홍보동영상
기획부터 차근차근

홍보동영상은 주로 스토리텔링 방식으로 기획합니다. 머릿속으로 본인이 전달하려는 정보 내용을 떠올려 보고, 이에 어울리는 동영상 소스를 생각해 보시기 바랍니다. 콘텐츠의 콘셉트가 결정되면 음악과 모션효과를 선택하기가 더욱 쉽습니다.

망고보드 동영상 템플릿은 특별한 기획력을 갖지 않아도 됩니다. 템플릿에 내용을 그대로 적용만 하면 새로운 결과물을 만들 수 있으니까요. 우리는 캠핑 템플릿을 이용하여 '리조트/호텔 홍보' 내용으로 편집해보겠습니다.

홍보동영상 기획서(슬라이드 편집)

홍보영상 제작에 앞서 영상의 목적과 필요한 영상자료, 콘셉트를 정해 다음과 같이 영상기획서를 만들어 봅니다.

홍보영상 기획서

목적	휴가철을 앞두고, MANGO RESORT의 곳곳을 소개한다.
영상	리조트 전체 영상 각 코너별 영상
콘셉트	편안한 휴식을 느끼게 하는 영상

홍보영상 시나리오

#1	MANGO RESORT 잊지 못할 추억이 생기다
#2	STORY 일상에 지쳐있는 당신에게 특별한 추억을 선물합니다. 리조트 앞에 펼쳐진 바다와 오감으로 느껴지는 자연의 아름다움을 망고리조트 안에서 만끽해보세요
#3	로비 Lobby
#4	대형 워터풀 Water Pool
#5	오션 스위트룸 Ocean Suites
#6	MANGO RESORT 1111-3333

망고보드 동영상 템플릿 선택하기

망고보드의 캠핑 템플릿을 이용하여 리조트 영상으로 만들어봅니다.

위의 템플릿에 준비한 기획서 내용을 담아 다음과 같이 수정해보겠습니다.

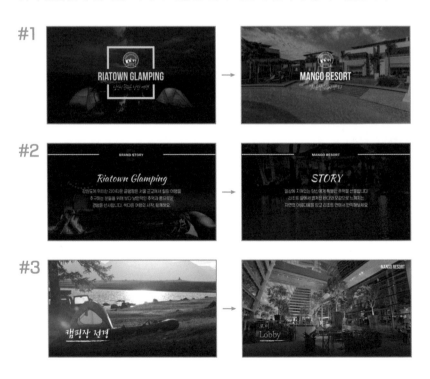

#4  →

#5  →

#6  →

9. 맛있는 디자인 망고보드 **동영상 콘텐츠**

템플릿으로
홍보동영상 제작하기

템플릿 적용하기

[템플릿]-[동영상]-[16:9 와이드형]을 클릭하여 아래로 내리면 다음의 템플릿을 찾을 수 있습니다. ❶의 템플릿을 선택하고, ❷[세트로 불러오기]를 클릭합니다.

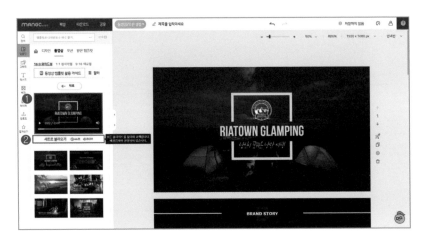

첫 번째 슬라이드 수정하기

1번 슬라이드의 배경을 지우고, 다음과 같이 텍스트의 내용과 컬러를 바꿉니다.

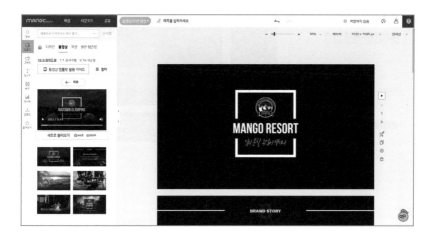

❶검색창에 '호텔'을 검색하여 [동영상] 카테고리의 ❷다음 영상을 선택합니다.

슬라이드의 영상을 선택하여 ❸[슬라이드 배경으로 설정]을 클릭합니다.

9. 맛있는 디자인 망고보드 **동영상 콘텐츠**

두 번째 슬라이드 수정하기

배경이미지를 지우고, 다음과 같이 내용을 수정합니다.

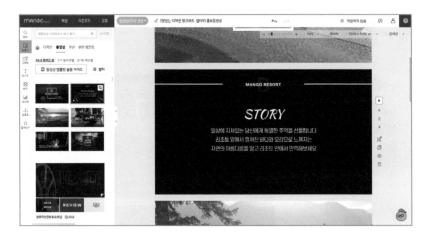

검색창에 '호텔'을 검색하여 [동영상] 카테고리의 ❶영상을 선택합니다.

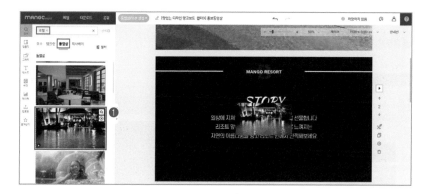

슬라이드의 동영상을 선택하여, [슬라이드 배경으로 설정]을 클릭합니다.

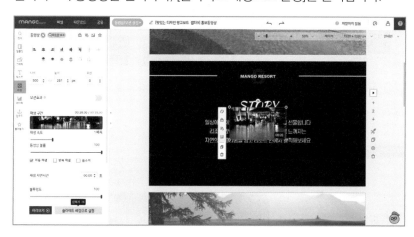

다음과 같이 완성되었습니다.

나머지 슬라이드 수정하기

배경이미지를 지우고, 다음과 같이 내용을 수정합니다.

호텔과 관련있는 동영상을 찾아서 이전 슬라이드와 같은 방법으로 완성합니다.

다음 슬라이드도 같은 방법으로 수정합니다.

9. 맛있는 디자인 망고보드 **동영상 콘텐츠**

애니메이션 수정하기

영상의 기본 옵션을 조절하기 위해 [동영상/모션 설정] 에디터로 들어갑니다.
영상의 효과와 시간은 우리가 선택한 템플릿에 적용되어 있습니다.
❶의 [전체 미리보기]를 이용하여 전체 영상을 확인합니다.
시간 변경이 필요하면, ❷[세트효과]의 시간을 조절합니다.

 TIP. 애니메이션을 적용하고 싶지 않은 요소가 있다면?

디자인 에디터에서 해당 요소를 클릭하여 [동영상 효과 제외](단축키 Ctrl+3) 옵션
을 적용하면 애니메이션이 적용되지 않습니다.

배경음악 수정하기

❶[배경음악]을 클릭합니다. 기존 음악이 보입니다. ❷를 클릭하면 음악목록
이 나타납니다. 원하는 스타일과 장르를 정하여 음악을 선택하면 됩니다. 이
번 예제에서는 ❸의 [A Happy]를 선택합니다.

망고보드의 배경음악은 동영상의 길이에 맞게 [서서히 작아지기] 옵션도 적용
할 수 있고, 재생구간을 조절하여 원하는 부분이 나올 수 있게 할 수 있습니다.

TIP. 슬라이드마다 다른 배경음악을 넣을 수 있다?

네, 가능합니다. 다른 음악을 넣을 슬라이드를 선택하고, 다른 배경음악을 선택하면,
다음과 같이 다른 음악이 들어갑니다.

9. 맛있는 디자인 망고보드 **동영상 콘텐츠**

홍보동영상 완성하기

망고보드 메뉴 탭 옵션들을 슬라이드 한 장, 한 장 적용하여 하나로 연결하면 홍보동영상이 완성됩니다.

[콘텐츠 확인하기]
https://myurl.ai/zTyJg

 TIP. 동영상 템플릿은 타 **프로그램**과 같이 사용할 수 있을까?

망고보드의 작업물은 타 편집프로그램(일러스트, 포토샵 등)과 함께 사용이 불가능하나, 동영상 프로그램은 예외로 사용할 수 있습니다.
슬라이드 요소를 2개 이상 조합하여(ex. 동영상+일러스트/사진+일러스트) 추후 저작권 문제가 생기지 않게 합니다. 단일 요소만(ex. 동영상만) 다운받을 경우 망고보드에서 제작되었음을 증명할 수 없으니 주의하여 사용하시기 바랍니다.

10

맛있는 디자인
망고보드
카드뉴스

누구든지 쉽게 볼 수 있는
카드뉴스

망고보드 카드뉴스 디자인

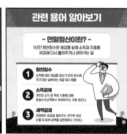

카드뉴스는 정보와 이미지가 결합된 콘텐츠로, 많은 사람들이 마케팅 수단 혹은 다양한 주제를 담는 도구로 활용하고 있습니다. 무엇보다 구성이 단순하고, 복잡한 정보도 스토리텔링으로 풀어낼 수 있는 장점이 있어 독자 입장에서도 부담 없이 읽기 좋습니다. 바로 이와 같은 장점을 잘 활용하여 카드뉴스 기획을 진행하면 됩니다. 하지만 디자인 콘셉트 선정과 일관성 있는 레이아웃, 가독성을 높여주는 폰트 선정 등 많은 고민이 따르기 때문에 작업이 단순하지 않습니다.

망고보드는 이런 어려움들을 말끔히 해소해 주는 퀄리티 높은 카드뉴스 템플릿을 제공하고 있습니다. 어렵게만 보이는 카드뉴스를 아주 쉽게 제작할 수 있는 것이죠.

카드뉴스 스타일

카드뉴스는 나열형과 스토리텔링형으로 구분할 수 있습니다. 작업을 진행하기에 앞서 내가 전달하고자 하는 내용/정보를 어떤 방식으로 구성해서 보여줄지 생각해보기 바랍니다.

나열형

정보 제공을 목적으로 많이 활용하는 스타일입니다. 병렬형으로 나열되어 독자가 정보를 습득하기 좋은 형태이지요. '크리스마스 데이트 장소', '질병 예방법', '백신 총정리'와 같은 사례처럼 작업자가 독자에게 전달하고 싶은 정보를 정리하여 하나의 콘텐츠로 묶어낸 것입니다.

슬라이드에 프레임이 배치된 스타일로 이용자의 상품 사진만 있으면 마우스 드래그만으로 쉽고, 빠르게 템플릿을 편집할 수 있습니다.

스토리텔링형

작업자가 독자에게 전달할 정보인 장문의 이야기를 짧게 줄거리 식으로 풀어낸 스타일입니다. 이야기를 펼치기 전에 독자의 호기심을 자극시켜야 하기 때문에 제목장에 많은 노력을 기울여야 합니다. 이야기 구성은 일반적인 글쓰기 방법인 미괄식 구성보다는 두괄식을 선호하며, 그 구성조차 깨뜨리는 파격적인 구성도 많이 활용되고 있습니다.

카드뉴스
기획에서 편집까지

카드뉴스 작업에는 기획과정이 필수로 들어갑니다. 나열형으로 보여줄지 스토리텔링 형식으로 보여줄지 결정한 후 다음과 같이 표를 만들어 내용을 작성해봅니다. 카드뉴스 특성상 이미지의 비중이 크기 때문에 텍스트가 길면 독자에게 피로감을 줄 수 있으니 분량을 적당하게 조절합니다. 또 사용할 템플릿 디자인이 준비한 사진과 잘 어울리는지 한번씩 적용하여 확인해 봅니다.

제목장	맛집 덕후가 인정하는 / 영등포 맛집 BEST 3
내용장1	맛집01 | 망고네 숯불생고기 내용: 영등포 주민인데 여기 모르면 간첩! 야들야들 삼겹살부터 다양한 특수 모듬 부위를 모두 즐길 수 있는 망고네 숯불생고기! 육즙도 빵빵 터지고, 소주가 절로 생각나는 강추 맛집!
내용장2	맛집02 | 리아 황소곱창 내용: 평일에도 줄 서서 먹는다는 핫플 리아 황소곱창집! 곱창을 좋아하는 사람들은 무조건 단골집이 된다는데 가격도 착하니 돼지런각이다! 이번 주는 여기서 소주 한 잔 어때?

내용장3	맛집03 | 망고 스시왕 내용: 스시 러버들은 무조건 들려야 하는 필수 코스 중에 하나! 가성비라고 하기엔 초밥 퀄리티가 너무 좋다! 가게 분위기도 좋아 썸 타는 이성과 같이 들려도 좋으니 참고하도록!
내용장4	(작은 텍스트) 다양한 문화생활과 맛집이 가득한 (큰 텍스트) 영등포로 놀러오세요! (WELCOME TO YEONGDEUNGPO)

기획서 작성과 템플릿 선정이 끝나면, 망고보드에서 기획서 내용을 참고하여 편집을 진행합니다.

 →

 →

10. 맛있는 디자인 망고보드 **카드뉴스**

템플릿을 적용해
카드뉴스 디자인하기

템플릿 적용하기

[템플릿]-[디자인]-[카드뉴스]에서 다음의 템플릿을 선택하여 ❶[세트로 불러
오기] 버튼을 누릅니다.

카드뉴스 제목장 디자인하기

텍스트 내용은 기획서에 정리한 내용으로 수정합니다. 단풍잎 아이콘을 선택하여 ❶[요소 교체] 옵션을 이용하여 새로운 아이콘으로 변경합니다.
❷검색창에 '닭다리'를 검색하여 ❸해당 아이콘으로 교체합니다.

이번에는 슬라이드에 적용된 사진을 교체합니다. ❹검색창에 '서울', '야경' 키워드를 검색하여 ❺사진 소스를 프레임에 삽입해줍니다.

TIP. 사진 이미지 색상 바꾸는 방법

망고보드에서 제공하는 사진도 색상을 바꿀 수 있다는 거 알고 계시나요? 아이콘 요소처럼 원하는 범위의 색상을 변경할 수는 없지만, [보정] 옵션으로 전체적인 색감을 변경할 수 있습니다. 활용하는 사진을 자유롭게 보정해보시기 바랍니다.

카드뉴스 내용장 디자인하기

두 번째 슬라이드의 텍스트 내용도 기획 내용에 맞춰 변경합니다. 특정 텍스트에만 색상을 넣고 싶을 경우 따로 ❶드래그로 잡은 상태에서 ❷원하는 색상으로 변경해주면 됩니다.

검색창에 '삼겹살' 키워드를 검색하여 ❶의 이미지를 기존에 적용된 사진과 교체해줍니다.

슬라이드 배경으로 배치되어 있는 사진 이미지는 ❷[보정] 옵션을 통하여 다른 색상으로 변경합니다. 직접 마음에 드는 색상으로 변경해도 좋습니다.

같은 방법으로 나머지 슬라이드도 모두 수정합니다.

10. 맛있는 디자인 망고보드 카드뉴스

카드뉴스 다운로드하기

작업이 끝난 카드뉴스를 파일로 저장하겠습니다. 메뉴의 ❶[다운로드] 버튼을
클릭하여 이미지 형식은 PNG, JPG 중 원하는 확장자를 선택하고 ❷크기는
원본, 슬라이드는 ❸[전체 슬라이드]를 선택한 후 ❹[다운로드] 버튼을 클릭합
니다.

카드뉴스 완성하기

[콘텐츠 확인하기]
https://myurl.ai/zVS5Y

*이렇게 완성된 카드뉴스는 이미지를 기본으로 사용하지만, 다음 챕터의 동영상 기능을 이용하여 바로 영상 콘텐츠로도 만들 수 있습니다.

11

맛있는 디자인
망고보드
모션
콘텐츠

생동감 있는 표현의 대가
모션 콘텐츠

망고보드 모션 콘텐츠

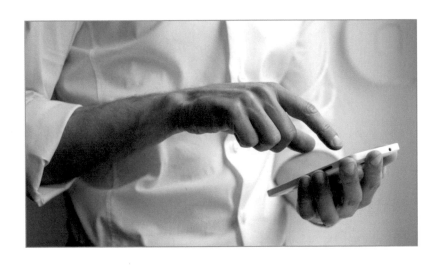

일반적으로 웹/SNS에서 소비되는 콘텐츠는 정적인 이미지 형태를 갖고 있습니다. 그러나 웹 스토어, 페이스북, 인스타그램처럼 시선을 빠르게 옮기는 환경에서는 이런 정적인 콘텐츠를 지나치기 쉬운데요. 이 때문에 콘텐츠를 구성하는 텍스트 문구와 사진 이미지의 중요성이 매우 큽니다. 거기다 망고보드의 모션효과와 투명영상이 적용된 모션 템플릿을 이용하면, 누구라도 쉽게 사람들의 시선을 끌 수 있는 콘텐츠를 제작할 수 있습니다.

망고보드 모션 템플릿의 특징

망고보드의 모션 템플릿은 생동감 있는 이미지를 완성할 수 있는 여러 가지 특징이 있습니다.

1) 아주 쉬운 제작방법	디자인 템플릿(카드뉴스, SNS, 포스터 등)처럼 편집 방식이 단순하여 누구나 쉽게 배울 수 있습니다.
2) 다양한 모션효과 지원	전문 프로그램에서도 쉽게 적용할 수 없는 모션효과를 클릭 한 번으로 빠르게 적용할 수 있습니다.
3) 동영상요소와 함께 활용 가능	일반 동영상/투명영상을 함께 조합하여 재미있는 연출을 표현할 수 있습니다.
4) 다양한 채널에 업로드	GIF/MP4 확장자로 다운로드하여 웹 페이지, 페이스북, 인스타그램 등 사용할 수 있는 범위가 넓습니다.
5) 정적인 콘텐츠 활용 가능	완성된 콘텐츠에 모션효과 적용을 해제하면 다시 정적인 콘텐츠(JPG/PNG)로 활용할 수 있습니다.

망고보드 모션 템플릿 스타일

모션 템플릿 스타일은 슬라이드를 하나로 사용하는지, 여러 장을 사용하는지에 따라 다음과 같이 나눌 수 있습니다.

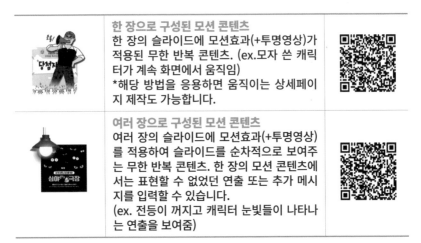

| | **한 장으로 구성된 모션 콘텐츠**
한 장의 슬라이드에 모션효과(+투명영상)가 적용된 무한 반복 콘텐츠. (ex.모자 쓴 캐릭터가 계속 화면에서 움직임)
*해당 방법을 응용하면 움직이는 상세페이지 제작도 가능합니다. | |
| | **여러 장으로 구성된 모션 콘텐츠**
여러 장의 슬라이드에 모션효과(+투명영상)를 적용하여 슬라이드를 순차적으로 보여주는 무한 반복 콘텐츠. 한 장의 모션 콘텐츠에서는 표현할 수 없었던 연출 또는 추가 메시지를 입력할 수 있습니다.
(ex. 전등이 꺼지고 캐릭터 눈빛들이 나타나는 연출을 보여줌) | |

한 장으로 구성된
모션 콘텐츠 만들기

한 장으로 구성된 모션 콘텐츠 기획하기

모션 콘텐츠 기획 방식은 배너 콘텐츠와 동일합니다. 기획 단계에서 콘텐츠의
홍보 목적과 타깃을 정확하게 파악하여 어떻게 표현할 지 구체화하는 것이 중
요합니다.

목적	신제품 출시 기념 할인 이벤트 홍보
홍보문구	망고 S30 출시 출시 기념 할인
이미지	스마트폰 강조하여 보여주기
컬러 콘셉트	고급스런 붉은 색 이미지

모션 템플릿 선택하기

[템플릿] - [모션]에서 ❶의 템플릿을 선택합니다.

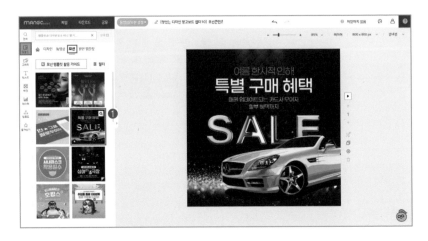

위의 템플릿 기획서의 내용을 담아 다음과 같이 수정해보겠습니다.

모션 템플릿 수정하기

필요 없는 디자인요소를 지우고, 텍스트를 다음과 같이 수정합니다.

슬라이드에서 자동차 이미지를 선택하고, ❶[요소교체]를 클릭합니다. ❷의 검색창에 '스마트폰'을 입력하고, ❸의 스마트폰을 클릭합니다.

다음과 같이 자동차 이미지가 스마트폰으로 바뀌었습니다.

11.맛있는 디자인 망고보드 **모션 콘텐츠**

배경 수정하기

검색창에 '무대'를 검색하여 ❶다음의 이미지를 슬라이드에 추가합니다.

❷의 무대 이미지를 선택하여 ❸의 [슬라이드 배경으로 설정]을 클릭합니다.
다음과 같이 슬라이드 배경이 바뀝니다.

투명영상 추가하기

검색창에서 '와우'를 검색한 후, [동영상]–[투명영상] 카테고리를 누릅니다. ❶
의 [투명영상]을 추가합니다.
❷의 [동영상/모션 설정] 에디터를 누릅니다.

모션 템플릿 효과 바꾸기

모션효과의 ❶사진을 클릭하여 ❷[왼쪽에서 날아오기] 로 바꿔줍니다. 그리고 ❸의 [한번만 재생]을 선택합니다.

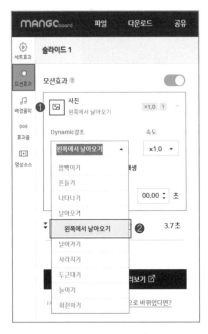

❹의 [+]를 선택하여 앞서 추가한 ❺투명 동영상을 선택합니다. ❻의 한번만 재생으로 바꿉니다. 효과 지연시간은 ❼[2초]로 선택합니다.

효과음 추가하기

투명영상이 나타날 때 소리가 나도록 효과음을 추가합니다. ❶[효과음] 탭을 누르고, ❷[효과음 추가]를 클릭합니다. ❸[효과음 없음]을 클릭하고, ❹[사람·동물]의 [단체 와우]를 선택합니다. 효과 지연시간을 ❺[2.3]로 입력합니다.

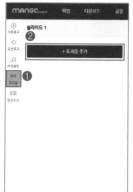

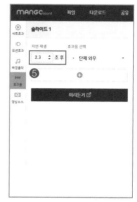

*효과음을 제외한 모션효과는 디자인 에디터에서도 확인할 수 있습니다.

동영상/모션 설정 에디터

디자인 에디터

11. 맛있는 디자인 망고보드 **모션 콘텐츠**

완성하기

다음과 같이 완성되었습니다.

[콘텐츠 확인하기]
https://myurl.ai/zTvQM

TIP. 모션효과 확인하기

[디자인 에디터]에서 모션효과 확인하기
슬라이드를 바라보기만 해서는 어떤 요소에 모션효과가 적용되었는지 알 수 없습니다. 슬라이드 위에 마우스를 올려보세요. 효과가 적용된 요소는 노란박스와 가운데 텍스트로 구분할 수 있습니다.

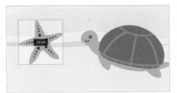

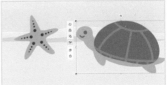

모션효과 적용된 디자인요소   모션효과 적용 안 된 디자인요소

또 모션효과는 슬라이드 옆에 보이는 재생 버튼으로 확인할 수 있습니다.

[동영상/모션 설정] 에디터에서 모션효과 확인하기
모션설정 에디터에서는 더 다양한 방법으로 모션효과를 확인할 수 있습니다.
❶이 슬라이드부터 미리보기 ❷슬라이드 전체재생 ❸미리보기

11.맛있는 디자인 망고보드 **모션 콘텐츠**

여러 장으로 구성된
모션 콘텐츠 만들기

모션 템플릿이 여러 장으로 구성되었다고 편집이 어려워지는 건 아닙니다. 슬라이드를 순차적으로 보여주는 방식으로 제작되는데, 아주 짧은 동영상 템플릿을 작업한다고 생각하면 되겠습니다. 기획을 진행하려면 템플릿에 어떤 연출이 표현됐는지 파악하는 것이 중요합니다.

목적	이벤트 소식 전달
홍보 문구	단 3일 동안 진행하는 폭탄 세일! 전품목 몽땅세일

여러 장의 모션 템플릿 적용하기

템플릿의 [모션]에서 ❶의 템플릿을 클릭합니다.
이 템플릿은 두 장의 슬라이드로 구성되어 있습니다. ❷[세트로 불러오기]를 클릭하여 슬라이드에 적용합니다.

TIP. 한 장으로 구성된 템플릿/여러 장으로 구성된 템플릿 구분법

템플릿 위에 마우스를 올려보면 슬라이드 장수가 나타납니다. 슬라이드가 2장 이상인 템플릿은 마우스 오버 시 하단에 보이는 숫자로 확인할 수 있습니다.

11. 맛있는 디자인 망고보드 모션 콘텐츠

여러 장의 모션 템플릿 적용하기

선택한 템플릿의 연출 의도를 파악하기 위해 각 슬라이드를 차례대로 재생해
봅니다. 첫 번째 슬라이드는 폭탄이 터지는 투명영상 소스가 배치되었고, 두
번째 슬라이드는 홍보 문구가 배치되었습니다. 이를 연결해보면 폭탄이 터진
후 홍보 문구가 담긴 슬라이드가 등장하는 것으로 이해할 수 있습니다.

이렇게 재미있는 효과를 이용하면 독자에게 이벤트 메시지를 좀 더 빠르게
전달할 수 있습니다.

TIP. 레이어 기능 활용하기

슬라이드에 들어 있지만, 보이지 않는 경우도 있습니다. 바로 투명영상 같은 디
자인요소입니다. 이러한 보이지 않는 구성요소는 레이어를 이용하여 쉽게 확인
할 수 있습니다.

슬라이드 오른쪽 상단의 ❶[레이어]를 클릭하여 슬라이드 안의 모든 구성요소
를 확인해 봅니다.

슬라이드 배경 바꾸기

첫 번째 슬라이드에서 ❶[배경]을 클릭합니다. [패턴] 중 ❷의 배경을 선택합니다.

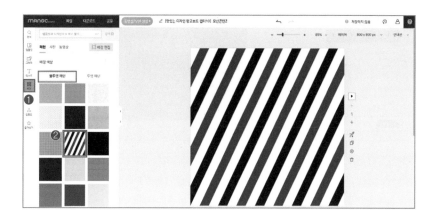

두 번째 슬라이드의 배경에는 투명영상이 적용되어 있습니다. 바꾸기 위해 검색창에 ❸'잎사귀'를 검색하여 [동영상]의 ❹영상을 선택합니다. 다음과 같이 슬라이드에 들어갑니다.

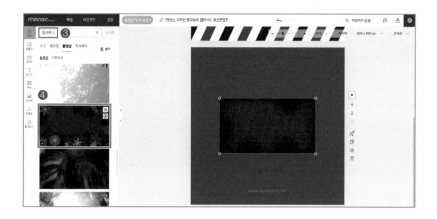

슬라이드의 영상을 선택한 후 ❺의 [슬라이드 배경으로 설정]을 클릭합니다. 그러면 선택한 동영상이 다음처럼 배경으로 쏙 들어갑니다.

모션 템플릿 내용 수정하기

슬라이드의 내용을 다음과 같이 수정합니다. 폰트는 [116 수박화채]를 선택
하여 크기와 위치를 정렬합니다.

모션 템플릿 재생하기

[동영상/모션 설정] 에디터로 들어가서 시간과 속도를 조절합니다.
❶[영상소스]를 클릭하고, ❷의 영상을 클릭하면, 다음과 같이 옵션창이 보입

니다. 우리가 선택한 영상의 총 재생 시간은 10:01초입니다. 시간이 너무 길고, 속도가 느립니다. [재생 속도]를 ❸[2배속]으로 바꿔줍니다. 그럼, 10초 이상의 영상이 5초에 보이게 됩니다.

❹[세트효과]를 클릭합니다. 5초의 동영상을 다 보이기 위해선 ❺[영상 종료 전 머무는 시간]을 5초로 바꾸면 됩니다. 이제 다 완성했습니다.
❻[전체 재생]을 클릭하여 확인합니다.

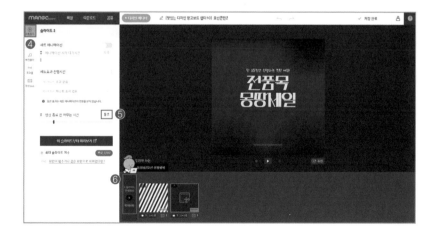

11. 맛있는 디자인 망고보드 모션 콘텐츠

TIP. 영상 종료 전 머무는 시간은 최대한 짧게 조정하세요!

머무는 시간을 늘리면 다운로드 파일의 용량 크기도 함께 커지게 됩니다. 어느 환경(웹/SNS)에 작업물을 업로드할지 또 업로드 최대 용량은 몇인지 미리 파악하는 것이 중요합니다.

모션 템플릿 다운로드하기

작업이 모두 끝나면 다운로드 버튼을 통하여 원하는 확장자로 파일을 저장할 수 있습니다.

GIF, MP4 모두 무한 반복 형태로 보여질 수 있는 확장자입니다.

❶의 [다운로드]를 클릭하고, 동영상 파일인 ❷[MP4]를 선택합니다. ❸영상의 크기와 재생시간을 확인하고, ❹[다운로드]를 클릭합니다.

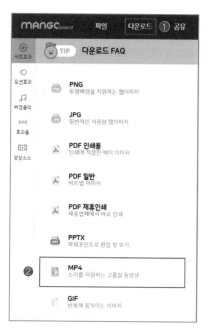
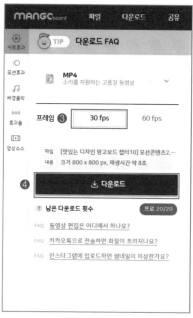

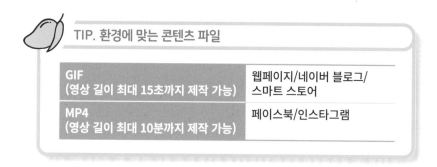

TIP. 환경에 맞는 콘텐츠 파일

GIF (영상 길이 최대 15초까지 제작 가능)	웹페이지/네이버 블로그/ 스마트 스토어
MP4 (영상 길이 최대 10분까지 제작 가능)	페이스북/인스타그램

11. 맛있는 디자인 망고보드 **모션 콘텐츠**

MP4의 경우 프레임에 표시된 숫자(30fps/60fps)는 1초당 표현되는 장수를 뜻합니다. 60fps는 움직임이 부드러워지는 것이죠. 그러나 영상의 결점을 감추는 목적으로 30fps로 설정하기도 합니다. 또는 특정 콘텐츠에는 버벅이는 영상이 더 잘 어울리는 경우도 있으니 이는 이용자의 상황에 따라 맞춰 선택하면 됩니다.

완성하기

[콘텐츠 확인하기]
https://myurl.ai/zTvT7

12

맛있는 디자인
망고보드
상세페이지

판매와 직결되는
상세페이지 디자인

망고보드 상세페이지

상세페이지는 상품과 서비스의 특징을 보기 쉽게 정리한 설명서로 우리가 상품을 구입할 때 꼭 확인하는 요소 중 하나입니다. 최근 마켓플레이스 진입 장벽이 낮아지고, 월급 외 수입을 찾는 사람들이 늘어나면서 상세페이지에 대한 관심도도 꾸준히 올라가고 있는데요. 막상 상세페이지를 제작하자니 기획과 디자인은 어떻게 진행해야 할지 모르겠고, 의뢰비용은 만만치 않습니다. 그러나 망고보드 상세페이지 템플릿을 이용한다면 이와 같은 걱정을 모두 덜어낼 수 있습니다. 템플릿을 이용한 상세페이지 제작 방법을 함께 알아보도록 하겠습니다.

망고보드 상세페이지 스타일

사진 프레임 스타일

슬라이드에 프레임이 배치된 스타일로 이용자의 상품 사진만 준비되면 마우스 드래그만으로 쉽고, 빠르게 템플릿을 편집할 수 있습니다.

투명배경 사진 스타일

이용자의 상품 사진에 배경 제거를 하여 배치한 스타일입니다. 상품 사진을 이미지 에디터로 불러와 배경 제거를 하고, 그래픽 요소와 함께 조합하여 완성할 수 있습니다.

돈 버는
상세페이지 만들기

상세페이지 기획하기

상세페이지 제작에는 기획과정이 필수적으로 들어갑니다. 기본적으로 내가 판매하는 상품이 타 상품과 어떤 점이 다른지, 어떻게 활용해야 더 효과적인지, 사람들의 반응은 어떤지와 같이 구매자에게 신뢰를 줄 수 있는 내용들을 고민해보기 바랍니다. 사람들이 상세페이지에 머무는 시간은 정말 짧다고 합니다. 풀고 싶은 내용은 많겠지만, 최대한 짧고 명료하게 정리합니다.

사용 템플릿	블란서베이커리 템플릿 (슬라이드 3장)
제목장	집에서도 즐긴다 / 망고 와플 팩토리
내용장1 (상품 종류/가격)	플레인 와플/시나몬 와플/헤이즐넛 와플 (가격과 내용은 자유롭게 작성하기)
내용장2 (브랜드 스토리)	망고 와플 팩토리는 하루를 든든하고, 건강하게 챙길 수 있는 안심 디저트를 만들고 있습니다. 찾을 때마다 기분이 좋아지는 망고 와플 팩토리가 되겠습니다.

상세페이지 템플릿 선택하기

[템플릿]-[디자인]-[상세페이지]에서 템플릿 찾기 또는 [검색창]에 '유럽풍', '베이커리샵' 키워드로 검색하여 해당 템플릿 슬라이드를 세 번째 장까지 불러옵니다.

선택한 템플릿 디자인이 판매 상품의 이미지와 잘 어울리는지 판단해보세요. 그럼 베이커리 템플릿을 와플 판매 내용으로 수정합니다. 위의 기획서 내용을 참고하여 편집해보세요.

다음과 같이 텍스트를 수정합니다.

그런 후 디저트 사진을 선택하여 ❶[요소 교체] 옵션을 클릭합니다. 그리고 검색창에 '와플'을 검색하여 ❷의 이미지를 선택합니다. 바로 교체됩니다

사진과 텍스트 작업이 끝났으면 슬라이드 메인 색상을 변경해줍니다.
❶[슬라이드 메인 색상 보기 및 편집]을 누른 후 ❷[직접 지정] 팔레트에서 다음의 색상을 선택합니다.

나머지 슬라이드도 동일한 방식으로 편집합니다.

슬라이드 메인 색상 옵션으로 바뀌지 않거나, 마음에 들지 않는 색으로 바뀌었다면 직접 선택하여 색상을 바꿀 수 있습니다.

상세페이지 작업이 마무리되면 파일 다운로드를 진행합니다.

❶[다운로드]를 클릭하여 이미지 확장자(JPG/PNG)를 선택합니다. 파일은 그냥 다운로드를 받게 되면 파일이 작업한 슬라이드에 맞게 분할되어 저장되고, ❷[한 장으로 합치기] 옵션을 활성화하여 하나의 파일로 묶을 수 있습니다.

상세페이지 완성하기

여러 장으로 나눠진 상세페이지

한 장으로 이어진 상세페이지

[콘텐츠 확인하기]
https://myurl.ai/zTFJP

움직이는 상세페이지 만들기

템플릿에 일반 사진 대신 짧은 영상을 넣어 더 생동감 있는 상세페이지 작업을 진행할 수 있습니다.

다만, 용량이 커질 수 있으니 GIF 이미지가 들어간 슬라이드는 다른 슬라이드 템플릿과 따로 분리하여 작업을 진행하고, 다운로드를 받을 때는 GIF 확장자로 받으면 됩니다.

[콘텐츠 확인하기]
https://myurl.ai/zTFOm

움직이는
상세페이지 만들기

쇼핑몰에서 다양한 상품을 검색하다 보면 움직이는 이미지가 활용된 상세페이지를 발견하게 됩니다. 움직이는 이미지는 상품을 구입하지 않아도 직접 사용한 것 같이 간접적인 경험을 하게 해주기 때문에 구매자가 상품을 구입하기까지 큰 도움을 받을 수 있습니다. 움직이는 상세페이지에는 정지되어 있는 일반 이미지가 아닌 GIF 이미지가 배치되어 있습니다.

동영상 촬영하기

작업을 시작하려면 먼저 내 상품을 소개하는 동영상(MP4)이 필요합니다. 길이가 긴 동영상은 용량이 매우 커질 가능성이 높기 때문에 최대한 짧게(대략 5~6초) 촬영한 동영상을 이용할 것을 권합니다.

촬영 동영상을 GIF 이미지로 변환하기

http://mp4-2-gif.com/

촬영 동영상은 웹사이트에서 GIF로 변환하면 됩니다.
MP4를 GIF로 변환해주는 사이트(http://mp4-2-gif.com/)에 접속합니다. ❶
이메일은 필수로 작성하지 않아도 되지만, 작성을 하면 변환이 완료되었을 때 파일이 해당 메일로 전송됩니다. ❷최대 해상도는 최대 1024px까지 변환이 가능하며, 해상도를 낮추면 파일의 용량도 함께 낮아지게 되니 참고하면 됩니다. ❸시간 조정도 가능합니다. 세팅이 끝나면 ❹[변환기] 버튼을 눌러서 파일을 다운로드합니다.

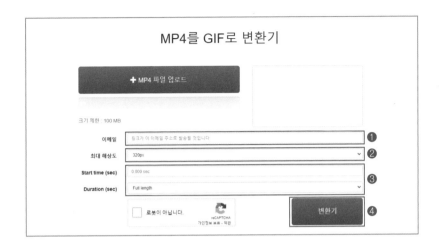

움직이는 이미지(GIF) 슬라이드에 배치하기

상세페이지를 작업할 때 변환한 GIF 이미지가 들어간 슬라이드는 새로운 템플릿 작업창을 열어 따로 작업을 진행해야 합니다. 다른 슬라이드와 함께 묶여있으면 GIF 이미지로 다운로드받을 수 없기 때문이죠.

반드시 움직이는 이미지(GIF)가 들어간 슬라이드는 분리하여 진행해 주세요.

*GIF 이미지가 들어간 슬라이드는 다른 슬라이드와 묶여 있으면 안 됩니다.

*반드시 새로운 템플릿 작업창에서 한 장의 슬라이드로 진행해주세요.

움직이는 이미지(GIF) 슬라이드 다운로드

움직이는 이미지가 들어간 슬라이드 작업이 모두 마무리되었으면 ❶동영상/
모션 설정 에디터로 들어가서 ❷영상 종료 전 머무는 시간을 조정해야 합니
다. 현재 슬라이드에 배치된 움직이는 이미지의 시간이 4초라고 하면 똑같이
4초를 입력해주면 됩니다.

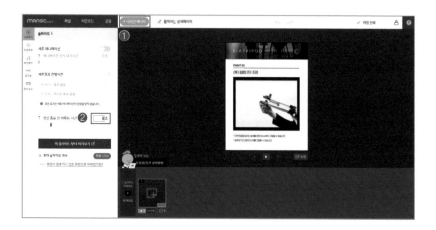

파일 저장은 ❶[다운로드] 메뉴를 눌러 ❷[GIF 확장자]로 선택한 후 ❸[다운로
드] 버튼을 눌러주면 됩니다. 이렇게 완성된 상세페이지 파일은 정지된 이미
지(JPG/PNG)와 움직이는 이미지(GIF)로 구성되는 것입니다.

완성된 움직이는 상세페이지 확인하기

이렇게 하여 우리의 상품을 보다 생동감 있게 만들 상세페이지가 완성되었습니다.

[콘텐츠 확인하기]
https://myurl.ai/zVSRI

오늘도 내 안의 '말로 표현할 수 없는 그것'을
어떻게 표현할까? 고민하시는 수많은
사장님, 마케터, 실무담당자 분들께
이 책을 바칩니다.

망고보드 두 번째 결실

그동안 강의장에서 만났던 수많은 얼굴들이 스쳐 지나가네요. 자신의 콘텐츠가 있음에도 디자인이라는 벽을 넘기 어려워 주저하셨던 많은 분들. 늘 강의시간은 짧고, 전하고 싶은 내용은 많아서 아쉬웠습니다. 이분들께 어떻게 더 쉽게 전할 수 있을까 늘 고민이었는데 그 결실로 이 책을 쓰게 되었습니다.

온라인 활동을 시작하며 '친절한 엄쌤'이라는 닉네임을 제가 직접 지어 붙였습니다. 다른 분들께 보여지길 원하는 모습이기도 하지만 항상 나 스스로를 돌아보는 다짐이기도 했습니다. 이 닉네임 덕분에 저는 더 친절하게 응대하고, 더 친절하게 강의하게 된 것 같아요. 이름이 사람을 만들었다고 할까요. 이 책을 작업하는 동안에도 좀더 쉽게 이해되게 친절하게 설명할 수는 없을까를 늘 고민했던 것 같아요.

제 강의를 들으시는 분들 중에는 다른 영역에서 저보다 훨씬 뛰어난 분들이 많으셨어요. 기획을 잘하는 분, 아이디어가 좋은 분, 글을 잘 쓰는 분 등 이분들께 필요한 것은 항상 도구나 기술보다는 '할 수 있다는 자신감'이라고 말씀을 드렸습니다. 새로운 변화는 항상 우리를 긴장하게 합니다. 하지만, 그 변화에 익숙해지고 나면 별거 아닌 우리의 모습이 됩니다. 기술도 마찬가지라고 생각해요. 여러분이 자신감을 가지고 도전하여 익숙해지면 <맛있는 디자인 망고보드>는 그냥 우리의 일상적인 툴이 될 것입니다.

이번 책작업에서 망고보드 개발사의 마케터이신 이동균 작가님과 함께 하자고 제안한 것은 신의 한 수였습니다. 혼자서는 쉽지 않은 일을 동균 작가님과 함께여서 완성할 수 있었습니다.
"혼자 가면 빨리 가고 함께 가면 멀리 간다"는 말을 깊이 느낄 수 있었습니다.

늘 무언의 지지를 해주는 우리 가족과 내가 하는 일을 나보다 더 기뻐해 주시는 엄마, 아빠. 작은 일도 엄청난 응원을 해주는 나의 친구들, 좋은 프로그램을 개발해주신 리아모어 소프트의 직원분들 모두 감사합니다. 모두의 덕분입니다.

엄혜경

더 발전하자! 망고보드 파이팅!!

망고보드에서 다양한 콘텐츠 작업을 진행하며, 많은 이용자들의 시점을 확인하고 이해하려 노력해왔습니다. 이런 경험들이 쌓이다 보니 망고보드 일타강사이신 엄혜경 대표님과 함께 공동작업을 하는 상황도 찾아오고 제 인생에 있어서 정말 뜻 깊은 경험입니다. 민망할 정도로 도움이 되어드렸을 지는 모르겠지만 가장 먼저 감사의 말씀 전해드리고 싶습니다. 정말 많은 걸 느끼고 배웠습니다. 감사합니다.

디자인 콘텐츠는 얼마 전까지만 해도 디자이너만이 할 수 있는 영역이라 생각했습니다. 그러나 콘텐츠 제작에 관심을 가진 사람들이 많아진만큼 시장도 빠르게 형성되었고 진입 장벽도 낮아졌습니다. 그와 동시에 망고보드는 제가 입사했을 때보다 훨씬 더 안정적이고, 탄탄해졌습니다. 그리고 그 노력은 앞으로도 멈추지 않고 이어질 것입니다.

망고보드와 함께 다양하고 기발한 아이디어를 마음껏 펼쳐주세요! 콘텐츠를 완성했을 때의 그 희열을 잊지 마시고, 항상 즐겁게 작업을 진행하시면 좋겠습니다. 또 준비하고 있는 프로젝트들도 모두 성공적으로 끝내시고, 만족스러운 결과물들을 가져가실 수 있도록 항상 응원하겠습니다.

어렸을 때부터 부족한 아들 때문에 마음 고생하신 부모님, 누나 그리고 하늘에 계신 할머니, 친구들에게도 감사합니다. 마지막으로 리아모어 식구들, 늘 함께 해 주셔서 감사드립니다.

앞으로도 더 발전하자!! 망고보드 파이팅!!

이동균

맛있는 디자인 망고보드

인쇄	2021년 9월 8일
제1판 4쇄	2024년 7월 1일
지음	엄혜경, 이동균
발행인	엄혜경
발행처	애드앤미디어
등록	2019년 1월 21일 제 2019-000008호
주소	서울특별시 영등포구 도영로 80, 101동 2층 205-50호
	(도림동, 대우미래사랑)
홈페이지	www.addand.kr
이메일	addandm@naver.com
교정교안	윤치영 copyyoon@naver.com
디자인	얼앤똘비악 www.earlntolbiac.com
ISBN	979-11-971935-7-6

ᐜ 애드앤미디어는 당신의 지식에 하나를 더해 드립니다.